La Gioia
del Business

di **Simone Milasas**

con il maggior contributo di **Gary M. Douglas**

Come sarebbe se il business fosse l'avventura del vivere?

La Gioia del Business

Titolo originale dell'opera: Joy of Business

Copiright 2012 Simone A. Milasas

ISBN: 978-1-939261-57-1

Traduzione: Graziano Dominici

Editing dell'edizione italiana: Maurizio Dominici

Correzione bozze: Carla Corradi, Erika Mangiapane, Susan Proctor

Stampato da

Access Consciousness Publishing, LLC

A proposito di questo libro

Questo libro è dedicato a te, se desideri aprire una attività/*business* e creare, e generare qualche cosa di totalmente differente, per te stesso e per il pianeta. Affari o lavoro — in qualunque modo tu li chiami — sono una forza enorme che segna il modo in cui modelliamo la nostra vita, il nostro vivere e la nostra realtà. Siete rimasti incastrati in un modo convenzionale di fare *business* che sembra limitato, monotono e non redditizio? Non deve necessariamente essere così. E se fare affari potesse essere creativo, generativo—e gioioso? Può esserlo!

La Gioia del Business tratta di quanto possa essere differente ciò che chiamiamo *business*. Non è un libro sul "come" fare. Non si prefigge di darti risposte sui tuoi problemi e dilemmi d'affari/ di *business*. Piuttosto ti apre lo spazio per fare affari in una maniera completamente differente. Contiene domande, esercizi, strumenti e processi che puoi usare, che ti daranno un'altra prospettiva su come puoi creare il tuo *business* e la tua vita.

Io non sono un'esperta di *business* nel senso comune del termine. Non ho una lunga lista di qualifiche, credenziali o lettere di referenze. Ciò che ho da offrirti sono anni di esperienza pratica facendo affari in tutto il mondo — e il punto di vista che fare affari è una cosa gioiosa. Mi piacerebbe condividere con te *La Gioia del Business* — e invitarti a seguire il tuo sapere, a chiedere domande a te stesso ed usare alcuni sorprendenti strumenti di Access Consciousness® che potrebbero cambiare per sempre il modo in cui fai il *business*.

Sommario

Dedica - La Mia Immensa Gratitudine 7

Nota Ai Lettori 8

Prefazione 9

Capitolo 1 Come Ho Iniziato Con Il Business 11

Capitolo 2 Che cosa sei disposto a ricevere? 27

Capitolo 3 Fare business senza giudizi 39

Capitolo 4 Ogni domanda crea una possibilità 49

Capitolo 5 Realtà e sintonizzazione 61

Capitolo 6 Umani ed umanoidi 71

Capitolo 7 Riuscire a fare un milione di cose con facilità 77

Capitolo 8 Tu non sei il tuo business 81

Capitolo 9 Obiettivi vs. Traguardi 87

Capitolo 10 Sii disposto a cambiare 95

Capitolo 11 Mostrami i soldi 101

Capitolo 12 Invitare più denaro nella tua vita 115

Capitolo 13 Gestire le finanze 121

Capitolo 14 Connectors, movers, creators e persone foundational 129

Capitolo 15 Assumere persone per il vostro business 135

Capitolo 16 Potenziare o micro-gestione? 139

Capitolo 17 Accordo e consegna 143

Capitolo 18 Fidati di ciò che sai 151

Capitolo 19 Scegliere per te 157

Capitolo 20 Scegli la consapevolezza, non le agende segrete 167

Capitolo 21 Che cosa richiedono le persone? 175

Capitolo 22 Manipolazione con l'energia 181

Capitolo 23 Gestisci gli affari come un uomo o come una donna? 185

Capitolo 24 Sii te e cambia il mondo 191

Epilogo 196

L'autore 197

La Mia Immensa Gratitudine

Vorrei dedicare questo libro, *La Gioia del Business*, a due meravigliosi uomini della mia vita:

Mio padre, che mi ha incoraggiato sin dal primo istante ad approfondire ciò che riguarda il campo del *business* e a fare le mie proprie scelte. Lui mi amava anche quando rifiutavo di ascoltare. Era sempre orgoglioso di me. Ti amo, papà. Che tu possa riposare in pace.

Gary Major Douglas, il fondatore di Access Consciousness, il quale è stato un'incommensurabile contributo per questo libro, alla mia vita, al mio vivere e alla mia realtà. Tu mi hai mostrato, e continui a mostrarmi, ciò che ho sempre saputo potesse essere possibile. Grazie.

Sarò grata ad entrambi per sempre.

Vorrei anche ringraziare tutte le persone che ho incontrato nella mia vita. Sono stata incredibilmente fortunata per essermi circondata di amici e familiari fantastici che contribuiscono a me costantemente. Grazie. Come sono diventata così fortunata?

Dona, sei una degli editori più straordinari del pianeta. Grazie per la tua pazienza. Come può essere ancora meglio di così?

Dain, grazie per la tua gentilezza e contributo senza fine.

Brendon, tu sei il dono che continua a donare.

Nota Ai Lettori

Questo libro è stato scritto in "Queens English" (Inflessione della lingua inglese usata nella zona del Queensland, Australia-n.d.r.). Io viaggio in tutto il mondo e vado in molti posti differenti; tuttavia continuo a chiamare l'Australia *Casa*. Io sono una *Aussie*, ed ho scritto in *Aussie English* (inglese australiano, come forma linguistica locale-n.d.r.) quindi se sei statunitense, perdonami per gli errori "ortografici"; se, invece, vieni da qualsiasi altra parte, divertiti!

Prefazione

Un giorno stavo parlando con il mio amico, Gary Douglas, il fondatore di Access Consciousness®, in merito a qualche cosa che un nostro comune amico stava facendo con il suo *business*. Io dissi: "Ciò che sta facendo non ha alcun senso per me."

Gary mi chiese: "Che cosa intendi con 'non ha alcun senso'?"

Io replicai: "Beh, perché dovrebbe scegliere questo? Non c'è assolutamente nessuna gioia nel prendere quella decisione d'affari. Nulla della sua decisione creerà qualche cosa di più grande." Riuscivo a vedere che stava uccidendo quello che poteva essere possibile.

Gary chiese: "Che cosa intendi con 'non è gioioso'?"

Io dissi: "Beh, si fanno affari per la gioia di farli!"

Gary rispose: "No, non si fanno per questo motivo."

Io ero esterrefatta. Dissi: "Sì, che lo si fa! Per quale altro motivo lo si farebbe?"

Gary poi aggiunse: "Simone, tu sei l'unica persona che conosco che fa affari per la gioia di farli! In questa realtà, il *business* non viene fatto per la gioia di farlo."

Fu così che iniziò il nostro dialogo riguardo alla gioia del *business*. Da allora ho scoperto che ci sono molte persone che ritengono di detestare il *business*, e ce ne sono anche molte altre che trovano gli affari gioiosi. Mi piacerebbe che tu fossi uno di questi ultimi. E desidererei invitarti a cambiare ogni punto di vista che potresti avere sul fatto che il *business* non sia – o non possa essere – gioioso. Questo è il mio invito per te.

E se il business fosse divertente-e tu potessi fare soldi?

Capitolo 1

Come ho iniziato con il *business*

Io ho sempre amato il *business*. Mentre crescevo a Sydney, Australia, i miei amici parlavano di andare al *college*, di sposarsi ed avere figli. Quelle cose non mi hanno mai interessata. Ho sempre saputo che mi sarei messa in proprio. Non avevo la più pallida idea di cosa sarebbe stato, sapevo solo che avrei iniziato un'attività autonoma. Mi sembrava la cosa più creativa che avrei potuto fare.

Per me, condurre un *business* è come essere un artista con una tela bianca. È come avere la scintilla di un'idea e fare domande tipo: "Che cosa ci vorrebbe affinché questo venisse a fruizione?" Io ho sempre visto gli affari in questo modo.

Non appena ottenuto il diploma superiore, ho trovato lavoro. Ho lavorato per tre mesi, mettendo da parte tremila dollari ($3,000); poi sono partita per l'Europa. Ho passato tre anni viaggiando e lavorando in Inghilterra, Portogallo, Austria e nelle Isole Greche. Svolgevo qualunque mansione trovassi, per poter continuare a viaggiare e vedere il mondo.

Arrivata sull'isola di Santorini in Grecia, accettai un impiego che consisteva nello stare in piedi fuori da un ristorante e dire ai passanti " Hey, posso convincervi a cenare qui, al *Capitain Angelo*, questa sera? Abbiamo tre specialità e vi offriamo un bicchiere di vino in omaggio". Facevo questo per quattro ore al giorno e guadagnavo abbastanza denaro per pagarmi le spese essenziali.

Qualcun altro si sarebbe potuto lamentare di un lavoro così, ma il mio atteggiamento era "Sì! Lo faccio." Non importa che cosa facessi, sono sempre riuscita a rendere il mio lavoro gioioso e divertente. Sono sempre stata in grado di percepire le possibilità che il lavoro e il *business* possono creare nella mia vita, e credo che un approccio creativo e gioioso al lavoro e nel fare affari (*business*) ci possa consentire di vivere una vita straordinaria—o persino fenomenale.

Quando tornai in Australia, tutti mi diedero una pacca sulla spalla dicendo: "Bene, ci sei riuscita. Adesso dovresti essere diventata immune ai grandi viaggi."

La mia reazione fu: "Che cosa? Questo è solo l'inizio!"

Iniziai il mio primo *business* vendendo prodotti presso il mercatino del fine settimana a Sidney. Facevo di tutto: dal produrre da me stessa lozioni idratanti, spray e brillantini per il corpo, alla rivendita al dettaglio di merce che avevo comprato da altre fonti. Partecipavo al *Glebe Market* il sabato e al *Bondi Beach Market* la domenica. Desideravo creare uno stile di vita in cui avrei potuto vendere prodotti nei mercatini durante i fine settimana e godermi la vita.

Il mio obiettivo era di guadagnare abbastanza soldi per andare a Nuova Delhi, in India, per comperare merce da poter poi rivendere nei mercatini e alle fiere in Australia.

Poco tempo dopo, ebbi i soldi che mi servivano e volai verso l'India. Andai in una zona di Nuova Delhi chiamato Paharganj, in cui vendevano incensi, tessuti, braccialetti indiani, gioielleria e vestiti. Il Paharganj è incredibile. Era uno dei posti più trafficati che io avessi mai visto. Alle mucche, che sono considerate sacre, veniva consentito di andare ovunque volessero; gironzolavano in mezzo alle strade sporche, tra taxi, biciclette, carri tirati da buoi, carrozze a cavalli e pedoni. Venditori ambulanti a ogni angolo di strada, i quali vendevano più o meno tutti le stesse cose, contrattavano con acquirenti e passanti. Alcune volte la temperatura saliva fino a 55 gradi Celsius (122 gradi Farenheit). C'era sempre qualcuno che cucinava qualche cosa, e l'odore delle spezie indiane riempiva le strade. Faceva caldo, puzzolente e molto eccitante. Si poteva considerare un sudicio ed eccessivamente caotico – e lo era – oppure lo si sarebbe potuto considerare come uno dei più esotici ed interessanti posti sul pianeta. Io arrivai e me ne innamorai.

Non avevo idea di come avrei trovato dei fornitori. Sapevo di poterli trovare; solo che non avevo assolutamente idea di come sarebbe accaduto. Mi intrigava l'avventura di fare affari lì. Il mio atteggiamento era del tipo: "Stiamo a vedere che cosa succede!" Me ne andavo in giro a vedere ciò che i venditori mettevano in vendita. Nel momento stesso in cui posavo gli occhi su di un pezzo di mercanzia, loro volevano contrattare con me su quanto lo volevo pagare. Tutto ciò poteva diventare una situazione abbastanza animata.

Vedevo che riuscivano facilmente a convincere le persone a comperare prodotti che probabilmente non sarebbero stati in grado di vendere nel loro villaggio, perciò ero sempre consapevole di chi aveva il controllo in queste situazioni. Era un tipo di *business* viscido e sfuggente e ciò mi rendeva estremamente gioiosa. Pareva che io sapessi istintivamente di dover fare domande, così da poter essere colei che stava scegliendo ciò che accadeva. Chiedevo che cosa fossero quegli oggetti, di quale colore li avessero, quale prezzo mi avrebbero fatto se ne acquistavo uno e quanto mi avrebbero invece fatto se ne acquistavo dieci o cento pezzi. Passavo oltre, facendo domande e prendendo appunti tornando poi al mio albergo per riguardarli in un secondo momento.

La cosa interessante è che a scuola mi avevano bocciato in matematica: la odiavo e andavo malissimo, ma eccomi in India a dover calcolare formule matematiche per esportare, importare e determinare il prezzo della merce – e lo stavo facendo. Sapevo di poter importare mercanzia con successo. Sapevo di dover trovare qualcuno che si sarebbe occupato delle esportazioni, conoscevo le procedure burocratiche, e sapevo che avrei dovuto calcolare le spese. Di conseguenza iniziai letteralmente a battere le strade e a parlare alle persone per raccogliere tutte le informazioni necessarie. Ero disposta ad essere consapevole di tutto ciò che era richiesto per avviare il mio *business*.

Quando si fanno affari, devi essere disposto ad avere tutto e a perdere tutto. Non si può essere imbrigliati dalla riuscita di ciò che si sta facendo. Se, in quel momento, fossi stata tutta presa dall'esito della compra-vendita di alcuni articoli, i mercanti avrebbero avuto il controllo sui prezzi e su altri aspetti dello scambio. Dato che non ero interessata al risultato, mi presi il mio tempo. Non spingevo affinché accadesse qualche cosa. Ero disposta a lasciare che le cose si presentassero e a vedere che cosa potesse essere possibile, e questo stava a significare che avevo il controllo sui prezzi, sul numero di articoli e su altri fattori. Avevo una incredibile sensazione di avventura e la gioia del fare soldi e vivere la vita.

Quindi, acquistai mercanzie a Paharganj e per un primo periodo mettevo direttamente nelle mie valige la merce da portare in Australia. Successivamente incontrai due sceicchi musulmani che divennero i miei incaricati alle esportazioni. Erano fantastici. Organizzavo le spedizioni aeree dall'India e rivendevo la merce sui mercati di Sydney, guadagnando fino a 3000-4000 dollari la settimana, lavorando solamente due giorni presso le fiere. Il resto del tempo lo passavo in spiaggia, escogitando nuove idee da usare nei mercatini e gestendo i rapporti coi fornitori d'oltreoceano. Mi sembrava di avere così tanto spazio e tempo libero da vivere. Ero felice. Alcune persone che avevano il classico impiego con il turno dalle nove alle cinque mi dicevano: "Simone, trovati un lavoro vero." Ed io rispondevo: "Questo è un lavoro vero! È pure fantastico!". Me la passavo alla grande e stavo facendo una montagna di soldi.

A quel momento avevo acquisito la consapevolezza di avere la capacità di creare e generare esattamente ciò che desideravo nell'attimo stesso e di poter fare un sacco di soldi nel farlo. E questo perché, come scoprii più tardi con Access Consciousness®, il denaro segue la gioia. La gioia non segue il denaro.

Di lì a breve, la gente iniziò a chiedermi se potevo acquistare per conto loro merce in India, da rivendere poi nei loro negozi a Sydney. Riflettei: "Se vendo all'ingrosso posso acquistare quantitativi maggiori di merce ed ottenere prezzi migliori!" Quindi accettai. Partivo per l'India e comperavo grosse quantità di beni, il ché significava maggior richiamo ed i fornitori iniziarono a prendermi maggiormente in considerazione. Rivendevo a una dozzina di negozi a Sydney e fu allora che iniziai a disegnare abbigliamento. Anche questo fu un bel successo di cui iniziai presto ad annoiarmi, dunque lasciai stare i vestiti ed incominciai ad importare gioielleria in argento sterling con pietre semi-preziose.

Tornai in India, a comprare pietre a Jaipur, conosciuta anche come la Città Rosa. All'epoca in cui ci andai per la prima volta, in Australia andavano di moda le collane fatte di perline, e io comprai quarzi rosa, ametiste, granati e un altro miliardo di tipi di pietre, provate a nominarne una e io ce l'avevo. L'uomo da cui comprai le pietre mi disse che non sarei mai riuscita ad aver successo in affari perché ero una donna. Questo era il *suo* punto di vista. Ce ne fosse stato uno in India che mi dicesse "Vai alla grande, Simone!". Tuttavia ero ancora disposta a seguire il mio sapere e ad essere gioiosa in merito ad ognuna delle scelte che stavo facendo. Vivevo tutto come una grandiosa avventura.

Iniziai a vendere pietre e gioielli sia all'ingrosso che presso i mercati in Australia. Poi tornai a Jaipur e ne comprai altri. Comprai gioielli anche in Tailandia. A Bangkok c'è una via che si chiama Khao San: un immenso mercato simile a Paharganj. Vi ci trovai un infinità di occidentali che stavano facendo esattamente ciò che facevo io. Iniziammo ad incontrarci per scambiare contatti ed informazioni così da poter contribuire gli uni gli altri al nostro stesso successo personale. Il mio punto di vista era che, se i miei colleghi commercianti avessero avuto un maggior successo ottenendo ulteriori modelli, l'avrei avuto pure io. Era facile fare così. Sono sempre stata propensa a contribuire agli altri in maniera che potessero fare soldi. Agire così era, e lo è ancora, gioioso per me. Mi piaceva lavorare con persone che venivano da tutte le parti del mondo ed il modo in cui ci contribuivamo a vicenda. C'è qualcosa di potente nel funzionare dal contributo. Se avessimo funzionato dalla competizione, avremmo ridotto o distrutto il nostro *business* e probabilmente non avremmo avuto così tanto successo e, probabilmente, non saremmo stati altrettanto gioiosi. Ricorda: I soldi seguono la gioia; la gioia non segue i soldi. Questa è una consapevolezza molto semplice e preziosa.

Subito dopo iniziai a recarmi a Kathmandu, in Nepal. Per arrivarci si sorvolava l'Hymalaya, il più bel panorama del mondo (ed è vero, se ci passate sopra nel periodo giusto dell'anno assomiglia proprio ad una cartolina!) Era bellissimo girovagare per le strade della città. C'erano deliziosi localini dove servivano un tè fantastico e si percepiva che la gente provava nei tuoi confronti una sorta di gratitudine perché stavi visitando il loro paese.

Dopo essere andata e tornata per diverso tempo dall'India, notai che quando ero lì passavo molto più tempo nella camera d'albergo che in qualunque altro posto. Preferivo di gran lunga lavorare in Tailandia e in Nepal, allora iniziai a domandarmi che cos'altro avrei potuto importare da quei paesi. Finii per progettare una serie di cappelli. Avevamo una marca di cappelli chiamata *The Shack* e trasferii gran parte del *business* in Nepal: mi sembrava una soluzione più gioiosa—ed io ero sempre disposta a seguire la gioia. Devi essere sempre pronto a cambiare qualsiasi cosa se non ti funziona più.

Le donne dei villaggi agricoli fabbricavano i nostri cappelli di cotone e due uomini, che si occupavano del Controllo Qualità ce li spedivano, una volta finiti, in Australia. Queste persone erano fantastiche. Con questo lavoro le donne riuscivano a mantenere le loro famiglie. Potevano fabbricare i nostri cappelli a casa propria mentre stavano a casa e tenere i loro figli con loro ad aiutarle; e i figli, invece di essere costretti a emigrare a Kathmandu a fare i lustrascarpe per i turisti o altri lavori analoghi, potevano restare ad aiutare le madri nella fabbricazione dei cappelli.

In Nepal lavorai anche con una donna tibetana di nome Ziering: grandissima donna d'affari e lavoratrice instancabile. Ziering aveva capito che far sentire la gente speciale dava i suoi frutti e mi trattava sempre con immenso rispetto. Mi invitava spesso a casa sua e ogni qual volta entravo nel suo negozio mi faceva sempre trovare una tazza di tè. Da lei, che faceva affari con le donne tibetane rifugiate in Nepal, acquistavo i *pashmina* (raffinati scialli in cashmere) e altri prodotti in lana.

L'attività del mercato nero in paesi come L'India e il Nepal è dilagante; eppure Ziering era nota a tutti per la trasparenza e per l'apporto benefico del suo lavoro in quanto supportava le rifugiate tibetane. Non c'è assistenza governativa per i poveri e per i rifugiati che abitano in Nepal. Pagavamo le donne a cottimo: un tanto a maglione, a guanto o a cappello. Le andavo a visitare nelle loro case vicino a una località chiamata Thamel. Alcune case erano minuscole: io sono alta un metro e settanta e certe volte, all'interno delle loro abitazioni, non riuscivo a stare bene in piedi. Adoravo lavorare con quella gente. I tibetani erano grati e felici di essere in Nepal. Se gli andava di fare un mucchio di soldi, potevano farlo lavorando sodo. Se volevano guadagnare giusto i soldi che servivano loro per mandare i figli a scuola e nutrirsi, potevano fare anche quello. Era facile scorgere la differenza tra coloro che volevano di più e quelli che si accontentavano di avere un tetto sulla testa e cibo per i figli.

Portavo libri ai figli dei rifugiati e talvolta pagavo loro l'iscrizione a scuola. Tutto ciò rispecchiava l'energia di ciò che sapevo essere possibile e mi dava gioia. Facevo soldi, mi divertivo e non sapevo mai come sarebbe stata la mia giornata. La mia vita era tutta una grande avventura (e lo è tuttora). Il mio approccio è sempre stato: "Se questa cosa non ti dà gioia, perché farla?" Non faccio mai nulla perché devo. Mi piaceva lavorare con gente che stava facendo qualcosa per creare la propria vita. Se sei te stesso e sei consapevole allora puoi in qualche modo cambiare il mondo, non importa come.

Ormai vendevo all'ingrosso i cappelli in tutta l'Australia, gli affari andavano a gonfie vele e l'impresa godeva di un certo successo. Possedevo un ufficio di 80 metri quadrati i cui scaffali erano ricoperti di cappelli dai colori sgargianti. Ma ancora una volta iniziai a sentire il bisogno di creare qualcosa di nuovo! Cominciai a domandarmi "Che cos'altro è possibile?"

Tornai a Londra per un po' ed un giorno acquistai un biglietto giornaliero per il *double decker* (particolari tipi di autobus britannici su due piani; n.d.r.) e girai per tutta la città. Passai di quartiere in quartiere guardando ed osservando tutto con attenzione. Notai che non importava in quale zona mi trovassi, ricca o povera, quartiere ebraico, nero o pachistano, non c'era felicità. Era irrilevante che la gente avesse o non avesse denaro; era irrilevante il colore della pelle, il credo religioso, in quale zona abitassero: tutti sembravano tristi. "Non riesco a capire. Questo pianeta è meraviglioso", pensavo: "Perché sembrano tutti così tristi? Perché tutti sembrano essere più presi dal trauma e dal dramma della vita piuttosto che dalle possibilità? Che cosa potevo creare che avrebbe cambiato questo?"

Good Vibes For You

Decisi di creare un *business* che avrebbe innalzato il quoziente di felicità nel mondo e che cambiasse il modo in cui la gente vede la vita. Mi venne in mente il nome *Good Vibes to You* e lo utilizzai per un paio di mesi, ma qualcosa non mi suonava del tutto a posto. Sembrava una forzatura e quindi decisi di cambiarlo in *Good Vibes for You*. Così andava meglio. Aveva un'energia più vicina a quello che intendevo creare e suonava più leggero. Vuoi vibrazioni positive? Eccole qui, per te. Non le vuoi? Bene comunque, saranno qui quando cambierai idea.

Tornai in Australia e iniziai a disegnare magliette eccentriche con aforismi che dessero ispirazione, piene di colori vivaci, per un target di giovani da discoteca. La mia idea era che se qualcuno indossava una di queste magliette e altri ne leggevano le frasi questo avrebbe potuto creare l'invito per loro ad essere più consapevoli o a cambiare qualche cosa nella loro vita e creare più gioia. Mi feci disegnare il nostro logo con l'arcobaleno e la scritta *Good Vibes For You* e iniziai a venderle ai *festival* e ai mercatini del fine settimana.

Una delle scritte che amavo di più diceva: "Immagina che cosa faresti se sapessi che non puoi fallire". Secondo me fallire o far errori non era possibile. Semplicemente finivi col fare qualche cosa che non era esattamente come te l'eri prefigurato. Qualche cosa che, semplicemente, non era andato proprio come ti aspettavi, ma d'altro canto nulla va mai esattamente come ti aspettavi. Non conosco nessuno che abbia raggiunto i suoi obbiettivi, nel *business* o nella vita, esattamente nel modo in cui li aveva pianificati.

Immagina che cosa faresti se sapessi che non puoi fallire

Un'altra maglietta diceva: "Sii aperto ai momenti della vita". Un giorno mi trovavo ad un'esposizione e indossavo questa maglietta. Un tizio si avvicinò, osservò la mia *T-shirt* e poi mi fissò dritto negli occhi. Riuscivo a percepire un cambiamento radicale del suo essere. In quel preciso istante sapevo che stava scorgendo una nuova possibilità: sapeva che qualcos'altro era possibile. Seppure per un fugace istante avevo cambiato il suo modo di guardare al mondo. Questa energia richiamava quella che volevo creare nel mondo. Desideravo che ogni singola persona sul pianeta sapesse che esistono maggiori possibilità: che tutto è possibile.

Accogli ogni singolo attimo della vita

Alcuni altri dei nostri motti erano "Sii il cambiamento che vuoi vedere nel mondo," "Crea Il Tuo Mondo," "Esci dai Confini della Tua Zona di Conforto" e "Che Cosa Richiede il Pianeta da Te?". Un sacco di gente parlava di come avremmo dovuto salvare il pianeta, ma quasi nessuno pensava di chiedere al pianeta "Ehi, che cosa ti serve?".

Alcune volte le persone si fermavano davanti al mio *stand* a leggere tutte le scritte sulle magliette, senza comprare nulla; si limitavano a dirmi: "Posso venire fino a qui a leggere queste frasi sulle t-shirt e mi fanno sentire subito diverso". Ancora una volta stavo creando ciò che desideravo. Stavo cambiando il modo in cui la gente guardava alla vita.

Un giorno una signora di mezza età venne a comperare dieci magliette. Non aveva intenzione di indossarle, bensì di appendersele alle pareti di casa. Riteneva che ciò che stavo facendo fosse meraviglioso. A quel punto mi interrogai di nuovo: "Che cos'altro potrei creare? Che cosa potrebbe coinvolgere proprio tutti e non soltanto le generazioni più giovani? Che cos'altro potrebbe essere notato nel mondo?"

Incominciammo a creare adesivi e magneti con gli stessi aforismi, il ché ci permise di sviluppare ulteriormente il *busi-*

ness. Quando sei consapevole e nella domanda, sei in grado di sapere come e quando espandere il tuo *business*.

Un giorno ricevetti una telefonata da una signora che aveva comprato un magnete che diceva: "Immagina che cosa faresti se sapessi che non puoi fallire". Disse che aveva sei figli e che era sposata con un uomo che la stava picchiando da anni. Lei pensava di non avere alcuna via d'uscita dalla sua situazione. Poi un giorno prese i suoi figli e lasciò il marito violento. Voleva ringraziarmi perché le parole sul magnete le diedero la forza e il coraggio di sapere che lasciarlo era possibile. Era un magnete da cinque dollari. Se avessi valutato il mio successo in base ai cinque dollari che mi pagò, avrei considerato me stessa di successo? Certamente no. Tuttavia, valutando il mio successo sulla base del cambiamento che fu creato nella vita di quella donna e *l'effetto domino* per i suoi sei figli, io sono stata un grandioso successo.

Un altro giorno, mentre stavo lavorando ad una fiera, un tizio vestito come un tipico motociclista stava guardando gli adesivi che avevo in vendita. Aveva dei lunghi capelli legati indietro ed indossava una maglietta con la scritta *Jack Daniels*, pantaloni di pelle, stivali grandi e pesanti e una giacca di pelle da motociclista con il logo di un club. Mi diede i soldi per un adesivo ed io gli chiesi: "Quale scegli?"

"Sii te stesso e cambia il mondo" mi disse.

Gli chiesi dove aveva intenzione di metterlo.

"Sul retro della mia motocicletta," mi rispose.

Pensai, "Grandioso. Come può essere ancor meglio di così?" Nuovamente, avevo avuto successo. Quante persone avrebbero letto quell'adesivo, "Sii te stesso—e cambia il mondo"?

Sii te – e cambia il mondo

L'acqua Minerale *Good Vibes For You*

Good Vibes For You è cambiata ed è cresciuta molto col trascorrere degli anni, da quando vendevo magliette presso le fiere di Sydney; in ogni caso, il nostro obiettivo di essere il cambiamento che desideravamo vedere nel pianeta rimase costante.

Un giorno stavo frequentando una classe di Access Consciousness®. Avevo con me una bottiglia d'acqua e ci attaccai un nostro adesivo colorato di *Good Vibes For You* in maniera da poter distinguere la mia bottiglia dalle altre. Anche altre persone incominciarono ad attaccare adesivi sulle loro bottiglie. "Sii te stesso – e cambia il mondo" o "Che cos'altro è possibile?" o "Essere infinito, infinite possibilità."

Qualcuno disse, "Simone, *Good Vibes* dovrebbe produrre acqua imbottigliata con aforismi sulle etichette." Io sono un po' snob nella scelta dell'acqua e mi piaceva la mia particolare marca d'acqua, ma all'epoca non c'erano delle bottiglie sul mercato che dessero messaggi importanti alle persone o per il pianeta, così il mio socio d'affari incominciò a vagliare la possibilità di produrre dell'acqua imbottigliata come nostro prodotto. Contattammo un tizio che aveva una favolosa sorgente naturale vicino a Sydney – e io e il mio socio andammo con la mia decappottabile a incontrarlo. Il tipo ci mostrò la proprietà e noi parlammo in merito a questa proposta dell'acqua. Io gli chiesi: "Quante persone stanno incominciando a guardare al *business* dell'acqua?" Lui disse: "Può darsi da 500 a 1000 alla settimana. Tutti pensano di vendere acqua imbottigliata e fare un milione di dollari, quindi escono e vanno a dare una caparra per una nuova Ferrari".

Noi ci mettemmo a ridere e io dissi, "Beh, io ce l'ho già la mia decappottabile..."

A questo tipo piacque il concetto che volevamo introdurre con l'acqua imbottigliata, che fosse una bottiglia colorata totalmente biodegradabile, dando importanza a delle etichette che trasmettessero un senso di divertimento e di leggerezza. Ci incoraggiò dal primo giorno e fece l'inverosimile per aiutarci. È proprio un brav'uomo. Una volta, quando un nostro potenziale cliente volò fino in Australia da un altro paese, il nostro fornitore guidò fino all'aeroporto per prendere il cliente, gli fece fare un tour della sua sorgente e gli raccontò che noi eravamo le persone preferite con cui faceva affari. Ci descrisse più grandi di ciò che eravamo. E mi disse "Io voglio veramente che il vostro business con l'acqua funzioni. Io mi diverto a lavorare con voi." Per me questa è la gioia del *business* – lavorare con persone che sono felici di lavorare con te e il tuo *business*. Come può essere ancor meglio di così?

L'industria dell'acqua è stata una strada un po' dura. Ci sono molte grandi compagnie che vendono acqua ed è un ambiente molto competitivo, ma noi l'abbiamo trasformata in una battuta da mettere sulle nostre etichette. Le nostre nuove etichette recitano: "Siamo l'azienda più piccola in questa arena immensa." Noi abbiamo importato l'elemento *divertimento* nell'industria dell'acqua e la gente lo vede. Sono attratti dal nostro approccio e vogliono fare affari con noi. La mia percezione è che essi notino davvero che siamo differenti.

Abbiamo stabilito dei favolosi contatti in tutto il mondo ed abbiamo molte eccitanti possibilità internazionali in cantiere. Attualmente stiamo ricercando altri prodotti e tecnologie collegate all'acqua, compreso una macchina che converte l'aria in acqua. Queste sono meravigliose macchine che risucchiano l'umidità dall'aria e la trasformano in acqua buona, pulita e potabile. Con una di queste macchine, nessuno resterebbe mai senza acqua buona. È meglio di qualunque filtro per l'acqua del rubinetto o di qualunque bottiglia d'acqua che si possa comprare. Ogni abitazione dovrebbe averne una!

La gente ha detto: "Aspetta un attimo, voi siete una compagnia di acqua imbottigliata e ora avete preso queste macchine. Non sono in competizione l'una con l'altra?"

Noi rispondiamo: "Si e vorremmo vedere che anche tu usassi comunque queste macchine." Noi stiamo anche lavorando affinché i nostri clienti accettino le bottiglie completamente biodegradabili, che sarebbero molto meglio per l'ambiente. Ho sempre desiderato creare e generare una certa energia nel mondo e queste cose richiamano quell'energia. Ecco perché lo facciamo! *Good Vibes for You* (Buone Vibrazioni per Te) non riguarda essere una compagnia che imbottiglia acqua. Non riguarda l'acqua; riguarda *Good Vibes for You* (Le *Buone Vibrazioni*, in italiano; n.d.r.) L'obiettivo è creare e generare più consapevolezza, più gioia e felicità nel mondo. Che cosa ci vorrebbe?

Cosa significa il successo per te?

Qual'è il vero obiettivo del tuo business?

Qual'è il vero target della tua vita e del tuo vivere?

Capitolo 2

Che cosa sei disposto a ricevere?

Novembre 2002: Incontro con Gary Douglas

Un fine settimana nel Novembre del 2002, mentre stavo ancora lavorando ai festival, andai a Sydney a vendere degli articoli *Good Vibes*, a un *Festival* chiamato "Mind, Body e Spirit". Alcuni giorni prima ricevetti la notizia che il mio amico Erin, che era a fare surf a Bali, era morto di malaria. La morte di Erin mi colpì duramente. Pensai: "Erin è morto e il mondo continua a girare come se nulla fosse successo." Avrei voluto che tutto si fermasse così da avere un momento di pace. Sicuramente non avrei voluto essere al *Festival*, ma avevo pagato 6.000 dollari per la bancarella e sapevo che avrei dovuto guadagnare un bel pò di soldi per rientrare della spesa.

Non mi sentivo a mio agio a sedermi nel preparare la mia bancarella e continuare come se nulla fosse successo, dal momento che avevo appena perso il mio amico. Ma rimanevo lì ad organizzare il tutto, sentendomi sempre più arrabbiata mano a mano che passavano i minuti. Ero arrabbiata con l'universo perché Erin era morto. Ero arrabbiata del fatto che fosse successo così velocemente. Ero arrabbiata che fosse successo a una delle persone più dolci che avessi mai incontrato e non ero disposta ad avere nessuna bugia nel mio spazio.

Le persone che stavano allestendo la propria bancarella di fronte a me, frequentavano un certo gruppo spirituale e mi stavano facendo impazzire con i loro schiamazzi e le loro risate. In qualche modo, le risate, non mi sembravano affatto reali. Non vi era nessuna gioia in esse. Si sentiva più come una pretesa di quello che la felicità dovesse essere, il tutto assomigliava più ad una caricatura di come dovrebbe essere la felicità. Si abbracciavano l'un l'altro cuore a cuore e vollero abbracciarmi cuore a cuore anche a me. Mi sembrava tutta una gigantesca farsa, non ce n'era uno che sembrasse essere veramente felice o che paresse davvero vivere come desiderava. Volevo urlare: "No! Andate via. A volte le cose non sono così facili nella vita. A volte sono una merda. A volte la vita può essere brutta." Avrei voluto scuotere ognuno di loro e dire, "Svegliati! Come vorresti che veramente, veramente, fosse la tua vita? Questo è abbastanza per te?"

Proprio in quel momento, un mio amico girò l'angolo con Gary Douglas, il fondatore di Access Consciousness®, il quale aveva anch'egli una bancarella al *Festival*. Avevo già incontrato Gary una volta, a una classe serale che tenne sulle relazioni e fui intrigata dal suo modo di essere diretto, mi sembrava reale, ascoltarlo parlare delle relazioni fu, per me, come una ventata d'aria fresca. Pensai: "Intendi che va bene se non voglio sposarmi ed avere figli? Non è sbagliato? Fantastico!" Fu la prima persona che mi mostrò che quello che sapevo, in verità, non era sbagliato: era solo differente da quello in cui le altre persone scelgono di credere e dal modo in cui scelgono di vivere le loro vite.

Il mio amico e Gary mi dissero *ciao*. Risposi *ciao* e cercai di indossare la faccia del genere "è tutto normale e va bene"

Gary mi guardò fisso negli occhi e disse: "Ti andrebbe di gran lunga meglio se fossi più aperta a ricevere di più. Il tuo *business* sarebbe molto meglio, guadagneresti più soldi e saresti più felice."

Risposi: "Sì sì, ok, grazie" e pensai "TU non hai la più pallida idea di cosa stia succedendo nella mia vita, Signore! Fuori di testa, non sai di che cosa stai parlando" e poi diventai occupata e il suo commento mi scivolò fuori dalla mente. O almeno pensai d'averlo dimenticato. Quella notte fui ospite di un amico a Sydney. Dopo una lunga giornata ero esausta, ma non riuscivo a prendere sonno. Le parole di Gary riguardo a che cosa significhi ricevere continuavano a ronzarmi. Stavo cercando di comprendere che cosa intendesse dirmi con quel commento apostrofandomi in quel modo. Regalavo sempre le cose in giro: quello era ciò che si doveva fare, no? È ciò che tutti si aspettano da te. O no? Ciò che Gary mi disse aveva scombussolato il mio mondo. Mi dissi: "Questa è follia. Stava dicendomi che dovrei ricevere piuttosto di dare?" Non avevo idea di come fosse. Tutto ciò mi fece arrabbiare.

Ero così arrabbiata la mattina seguente che marciai spedita attraverso il *Festival* "Mente, Corpo e Spirito" fino allo stand di Gary e di Access Consciousness®. Mi parai di fronte a lui con le mani sui fianchi e chiesi: "che cosa diavolo intendevi ieri con quello che mi hai detto?"

Gary mi guardò, sorrise e mi chiese a che cosa mi stessi riferendo. Risposi: "Mi hai detto che le cose mi andrebbero meglio se fossi aperta al ricevere. Non pensavo mi fosse permesso ricevere. Pensavo che il mio compito nella vita fosse dare, non ricevere." Non ricordo quale fu la risposta di Gary. Ricordo, però, che ci fu un senso di pace dopo che parlammo. Qualcosa, nel mio universo, era leggero; sapevo che c'era qualcosa di corretto e giusto in quello che mi diceva. Era qualcosa che assomigliava più a "me". Non molte persone, nella mia vita, mi avevano potenziato a essere me stessa. C'era qualcosa, nella presenza di Gary, che mi rendeva rilassata e in pace su ciò che stavo scegliendo d'essere, nonostante quello che potesse sembrare.

Il giorno dopo, al *Festival*, ero un pò alticcia, dopo aver bevuto un pò di bicchieri la notte prima. Camminai in giro tra gli stand del *Festival* alla ricerca di qualcuno che mi facesse un massaggio o qualcosa che potesse darmi sollievo dalla sbronza. Come passai accanto allo stand di Access Consciousness®, una delle signore mi chiese se volessi che mi facessero scorrere "i bars". Non avevo alcuna idea di che cosa significasse *farmi scorrere i bars,* ma guardai il lettino e dissi: *sì.* Mi sdraiai sul lettino e circa dopo mezz'ora che i miei bars stavano scorrendo inizia a piangere e a piangere. Stavo indossando una delle mie maglie *Good Vibes for You* (In italiano *Buone Vibrazioni per Te,* n.d.t.) e tutti al Festival sapevano chi io fossi. Eccomi sul lettino, a piangere a dirotto. Mi ricomposi e dissi, "Devo tornare al lavoro!". Stavano facendo delle sessioni dimostrative per venti dollari e, quando fui lì per pagare, la signora mi disse che era un regalo. Si trattava di nuovo di ricevere e ripresi a piangere più di prima.

Subito dopo Gary girò l'angolo. Mi guardò e sorrise, domandando, "Ti dovrei dare un altro abbraccio?"

Io dissi, "No! Si. No. Non so!"

Mi diede un abbraccio e mi invitò fuori per una chiaccherata.

Dissi, "No! Non so. Si. No."

Lui disse: "È una tua scelta: se sei disposta verrò fuori per fare due chiacchere con te." Lo guardai e dissi *va bene*. Stavamo camminando fuori, avevo le lacrime che scendevano giù dal mio viso ed ero preoccupata dal fatto che non era una grande immagine per *Good Vibes for You*, che era pensato per incrementare il quoziente di felicità nel mondo.

Gary si sedette con me per 40 minuti e mi fece domande. Mi portò a guardare il luogo in cui io vedevo di valore tutti gli altri, eccetto me stessa. Mi chiese di guardare e riconoscere il modo in cui io consideravo gli altri essere migliori di quello fossi io per alcuni versi, nonostante il fatto io fossi l'unica che sembrasse avere la forza e la potenza di generare e creare il mio *business* e la mia vita.

Stavo contribuendo al cambiamento delle loro vite, già mi sentivo grata di averli attorno a me. Non ero mai stata disposta a riconoscerlo. La nostra conversazione stava rovesciando la mia vita sotto sopra.

Gary avrebbe fatto un seminario quella sera, così ci andai. Come ascoltai, pensai, "Wow, questo tizio sta parlando di tutto quello che desidero creare con *Good Vibes for You*, eccetto il fatto che lui ha gli strumenti per farlo accadere." Era la prima volta che sentivo qualcuno parlare del cambiamento nel mondo che sapevo fosse possibile.

In quel momento, considerai me stessa come un piccolo cucculo. Ero disposta che la gente dicesse di me che ero una hippie perché pensavo che così potessero ricevere quello che ero. Ma ecco Gary – Era vestito così bene, non c'era niente di strano nel suo apparire, eppure stava parlando di tutte quelle cose che sapevo fossero possibili, ma a cui nessuno sembrava credere.

Durante il seminario, Gary spesso imprecava. Io ero ancora arrabbiata e turbata per Erin e la mia reazione fu: "Ok, grazie

Dio, qualcuno qui è reale." Mi fece prestare ancora più attenzione. Non avevo pazienza per nessuna finzione. Ero stata così impressionata che decisi di restare a Sydney un'altra settimana, visto che Gary stava per fare una classe di 2 giorni "Fuori dalla Scatola", il fine settimana successivo. Questo fu in novembre, che era il periodo più indaffarato dell'anno. Telefonai al mio staff in Brisbane e dissi: "Non torno."

Mi dissero: "Cosa vuoi dire con non stai tornando?"

Gli dissi che avevo intenzione di restare a Sydney per una settimana e frequentare una classe con un uomo di Access Consciousness®. Diedero di matto perché io controllavo tutto negli affari ed eccomi mentre gli stavo dicendo che stavano per restare da soli per una settimana durante il periodo più lavorativo dell'anno.

Mi chiesero: "Che cosa faremo?"

Dissi loro che sarebbero stati perfetti. Quella fu la prima volta che incominciai a dare responsabilità al mio personale.

Aggiunsi: "Se voleste frequentare la classe, vi posso far volare qui e così potete parteciparvi anche voi" (non lo fecero). Dunque andai alla classe di due giorni di Gary. Restai nel fondo della stanza in maniera da poter scappare via se l'avessi voluto. Non ero intenzionata a soffermarmi su qualcosa o in qualche luogo dove non desideravo essere! Alla fine dei due giorni, la mia vita era cambiata totalmente. Gary trattò tutte quelle cose che io credevo essere vere. Tutto quello che disse aveva un senso per me. Realizzai che non ero sbagliata riguardo a quello che sapevo fosse possibile, e nessuna delle mie scelte era sbagliata. Quello fu il dono più grande che ricevetti dal corso.

Compresi il valore che Access Consciousness® poteva essere per il mondo, e il mio scopo fin dall'inizio fu assicurarmi che ogni persona nel mondo lo conoscesse così che l'avrebbe potuto scegliere. Dopo la classe, Gary disse al mio amico, che aveva appena iniziato a facilitare in Australia classi di Access Consciousness®: "Dovresti chiedere a Simone un po' di assistenza per l'organizzazione del tuo *business* con Access."

Il mio amico era un grande facilitatore, ma era difficile, per lui, far partire il suo *business*, perché non aveva il senso degli affari. Fui sorpresa nello scoprire che non aveva ancora un indirizzo e-mail, così creai un account per lui e incomincia a inserire indirizzi e-mail di persone dentro una lista di contatti. Gli suggerii di inviare e-mail alle persone e di telefonare quando aveva degli eventi. Questa fu la mia prima consapevolezza che nessuno trovava il *business* così facile e gioioso come lo facevo io o avere un senso che le possibilità fossero a disposizione.

Quando Gary tornò in Australia l'anno successivo per fare una classe, io misi insieme l'intera classe. La ospitai, prenotai il luogo, organizzai gli alloggi, feci una promozione tramite posta, telefonai a tutti ed ebbi l'intera classe organizzata. Fu la più grande classe che avessero mai avuto in Australia.

Gary disse: "Grazie. Sono così grato." E poi aggiunse: "Penso di doverti dei soldi."

Io chiesi: "Per cosa?"

Rispose: "Per coprire i francobolli delle lettere che hai spedito."

E scoppiai a piangere, era di nuovo quella cosa del ricevere. Gary rise.

Gli dissi che non poteva ridere di me perché io stavo piangendo e lui disse: "Certo che posso. E' divertente!" Poi mi regalò la classe e io piansi per un'ora. L'intera cosa del ricevere rovesciò un'altra volta il mio mondo sotto sopra.

Disse: "Ho bisogno di qualcuno come te in America"

Lo guardai e gli dissi: "Bene, potrei farlo."

Mi chiese: "Come vorresti che fosse il Coordinatore Mondiale di Access Consciousness®?"

Mi cadde la mascella e domandai: "Cosa intendi?"

Lui sorrise e ripeté: "Come vorresti che fosse il Coordinatore Mondiale di Access Consciousness®?"

Domandai: "Cosa vuoi intendere?"

Gary nominò cinque differenti cose che voleva che facessi.

Dissi: "Adorerei farlo."

Gary non stava cercando qualcuno che avesse delle credenziali nel business; riguardava l'energia che lui sapeva avrei potuto creare e generare nel modo. Poteva vedere in me le capacità che non ero stata in grado di vedere in me stessa fino a quel momento.

C'è un enorme senso di vulnerabilità coinvolto nel ricevere tutto, compresa la grandezza che ognuno di noi è. Una volta che cominciai ad aprire la mia abilità di ricevere, realizzai che ero disposta a fornire agli altri gli strumenti per ricevere, ma avevo continuato a essere l'unica che faceva tutto. Non volevo permettere alle persone di dare a me.

Access Consciousness® ha cambiato per me tutto questo e non è accaduto dal giorno alla notte. Access continua a cambiare i miei paradigmi riguardo al ricevere e ora sono in grado di ricevere di più.

Io sto sempre domandando per qualcosa di più che si presenti e sono anche capace di facilitare gli altri a cambiare i loro paradigmi riguardo al ricevere. Il mondo appare molto differente quando si è aperti a ricevere.

L'Essere disposti a Ricevere

Questa storia dell'incontro con Gary è una lunga maniera per dire che la tua abilità nel ricevere è essenziale per il tuo successo nel tuo *business*. Il ricevere include la tua capacità di ricevere nella vita tutte le cose buone e va molto oltre quello. Comprende l'abilità di ricevere ogni cosa – il buono, il cattivo, il bello e il brutto. Devi essere disposto a ricevere soldi e devi essere disposto a ricevere nessun soldo. Devi essere disposto a ricevere ammirazione, apprezzamento e doni e devi essere disposto a ricevere informazioni e punti di vista di altri. Devi essere disposto a ricevere elogio ed approvazione e devi essere disposto a ricevere critica e giudizio. Devi essere disposto a ricevere che il tuo *business* sia di successo o che il tuo *business* non sia di successo. Devi essere disposto a ricevere, assolutamente tutto questo, e non essere investito nel risultato.

Il vero ricevere è immensamente profondo, coinvolge la tua abilità di percepire, sapere e perfino essere. Diciamo che tu abbia già deciso di aver ragione riguardo a qualcosa e non sei disposto a ricevere altre informazioni o prospettive, non sarai in grado di percepire che cos'è possibile oltre i propri punti di vista limitati. Se non si è capaci di ricevere, si taglia via il proprio sapere. E se si taglia via il sapere, ci si separa dalla consapevolezza e dalla propria presenza, la quale è chi e cosa si è.

Non puoi essere te.

Per avere successo negli affari devi essere in grado di ricevere, percepire, sapere ed essere. La disponibilità al ricevere è la chiave per essere capace di fare questo.

Sei Disposto a Ricevere Gratitudine e Successo?

Una mia amica ha un negozio d'abbigliamento nel Queensland, Australia.

Lei è favolosa in quello che riesce a fare con le persone, i loro vestiti e i loro corpi. Lei sa esattamente quello che le sue clienti richiedono per apparire e sentirsi belle e le fa sentire assolutamente fantastiche con gli abiti che tira fuori per loro. La mia amica è una donna bellissima e alta. Ha un corpo grandioso e indossa abiti grandiosi. I suoi doni erano così evidenti per me e per molti altri, eppure non era disposta ad avere persone che la notassero. Era molto timida e sembrava nascondesse chi era veramente.

Un giorno le chiesi: "Perché non menzioni il tuo negozio e parli alle persone nelle mie classi di quello che fai?"

Incrociò le mani, abbassò la testa e disse: "Oh no, non potrei andare davanti alla classe e farlo." Non ce la faceva a riceverlo. Trovava talmente facile quello che faceva che non era in grado di vedere il suo valore e di ricevere i riconoscimenti e la gratitudine degli altri.

Da quando ha incominciato ad usare gli strumenti di Access Consciousness®, la sua disponibilità al ricevere è aumentata sensibilmente. Ora possiede due negozi e ha incominciato a produrre la sua marca di vestiti. Fa anche la stilista personale in tutto il mondo. Ha avuto accesso a molto successo perché ora è disposta a riceverlo!

Assomiglia a te tutto questo, amico mio? Ricevi completamente i ringraziamenti e le espressioni di apprezzamento che le persone ti fanno? Sei disposto a ricevere la gratitudine che le persone hanno per te e per il tuo *business*, o rifuggi questo? Sei disposto a ricevere fama? Sei veramente disposto a ricevere successo?

Sei Disposto a Ricevere Soldi?
Per molti anni mio padre cercò di darmi soldi ed io rifiutavo sempre le sue offerte. Lo ringraziavo e gli dicevo che non avevo bisogno dei suoi soldi, che io potevo farne a meno. Quando la

mia disponibilità al ricevere aumentò, finalmente accettai che mi regalasse denaro e vidi quanto felice e grato fosse del fatto che li avevo ricevuti. Ed ebbi la consapevolezza: "Caspita! In tutti questi anni non ho lasciato che ciò accadesse!" Mi resi conto che quando non si riceve, si blocca la gioia del donare, si blocca la gioia del contributo, e si ferma pure la facilità del proprio *business*.

Se intendi avere successo negli affari, devi essere disposto a ricevere denaro da chiunque, senza giudizio. Devi essere disposto a ricevere soldi da persone che ammiri e da persone che non ti piacciono. E se potessi ricevere flussi di contanti e flussi di valuta sotto forma di un'automobile o un nuovo computer da chiunque ed ovunque? Sai che cosa c'è? Tu puoi! Tutto quello che devi fare è domandare. E ricevere.

Non molto tempo fa, una mia amica stava cercando un appartamento a Los Angeles e girammo in macchina in tre diverse zone, dando un'occhiata alle case, cercando di cogliere la sensazione di dove le sarebbe piaciuto vivere.

Si rivelò un esercizio interessante notando ciò che eravamo disposte a ricevere. Io sono cresciuta in una famiglia di classe medio borghese, così, mentre guidavamo per quelle zone in cui le case assomigliavano a quelle dell'area in cui ero cresciuta io, la mia reazione era: "Sì, potrei vivere qui!" Era un qualcosa che mi era familiare e che ero disposta a ricevere.

Poi quando entrammo in una zona veramente benestante che si chiama Bel Air ed io sussurrai: "Ci è permesso di stare qui?" C'era un'energia che non riconoscevo e che mi faceva sentire a disagio. Era l'energia dei milioni e miliardi di dollari, che non ero disposta a ricevere.

E alla fine arrivammo in una un'area che era un po' meno benestante, e notai che mi sentivo, nuovamente, a disagio. Stavo pensando: "Io non vorrei mai vivere qui!" Ero disposta a ricevere solamente l'energia di quello con cui avevo imparato essere a mio agio.

Vedi come l'incapacità di ricevere l'energia di milioni di dollari può avere conseguenze sul tuo *business*? O che quel disagio dell'energia di avere meno soldi di quelli a cui eri abituato, potrebbe farti perdere i clienti da te? Sei disposto a ricevere clienti immensamente ricchi? Sei disposto a ricevere clienti vestiti malamente? Sei disposto a ricevere tonnellate di soldi? O a non riceverne per nulla ?

Che Cosa sei Disposto a Ricevere?

Sei disposto a ricevere enormi quantità di denaro? Sei disposto ad essere apprezzato e adorato? Sei disposto ad essere bramato, non solo da poche persone, ma da migliaia? Sei disposto che le persone rubino le tue idee, i tuoi progetti e le tue opere d'arte? Qualunque sia l'energia che non sei disposto a ricevere, sarà quella che creerà la limitazione per te, del tuo business e della tua situazione finanziaria.

Se il tuo *business* non ha così tanto successo come vorresti, dai un'occhiata alla tua disponibilità di ricevere qualsiasi e ogni cosa.

Chiedi:

+ *Che cosa non sono disposto a ricevere?*
+ *Quale energia non sono stato disposto a ricevere che creerebbe un successo che va oltre ogni cosa io abbia mai immaginato?*

Sei disposto a cambiare e ricevere quelle cose?(Potrebbe cambiare il tuo mondo)

> *La tua capacità di ricevere è essenziale*
> *per il successo del tuo business.*

Capitolo 3

Fare *business* senza giudizi

Uno dei più grandi ostacoli nel vero ricevere è il giudizio. Se riesci a liberarti da tutti i giudizi e le conclusioni che hai su come dovrebbe essere una certa cosa e riesci semplicemente a percepire e a ricevere ciò che hai davanti a te, avrai nel tuo universo una scelta di gran lunga maggiore: questo è funzionare dalla percezione. La percezione è leggera come la brezza, non è una cosa solida ed è sempre in cambiamento.

Giudizi, sentimenti, decisioni e conclusioni, d'altro canto, sono solidi. Hanno a che fare con ciò che tu pensi essere buono o cattivo. Ogni qualvolta che inizi a giudicare qualcosa, sia che si tratti di un giudizio positivo sia negativo, tu escludi la tua capacità di ricevere qualsiasi cosa al di là di quel giudizio: qualsiasi giudizio formuli ti blocca dal ricevere ogni cosa che non combaci con esso.

Per esempio, se giudichi che i tuoi affari siano un fallimento, sarai in grado di vedere ciò va bene in essi? Sarai in grado di approfittare di quella possibilità più grande che si è appena presentata? No. Se giudichi come perfetto il tuo *business*, sarai in grado di vedere ciò che non funziona e ciò che hai bisogno di cambiare? No. In ambedue i casi, stai indossando dei paraocchi e non considererai informazioni diverse da quello che hai già deciso. Sai che cosa sono i paraocchi? Sono quelle cose che mettono ai cavalli cosicché, quando gareggiano, si possono solo concentrare sul traguardo. I paraocchi impediscono loro di essere consci di tutto ciò che succede attorno. Allora, sei disposto a toglierti i paraocchi ed essere consapevole di tutte le possibilità? Lo puoi fare quando smetti di giudicare e ti rendi disponibile a ricevere ogni cosa.

Quali giudizi hai in merito ai tuoi affari?

Le persone nel mondo degli affari mi chiedono spesso: "Quale tipo di cliente arriva in *Good Vibes for You?*" e io rispondo: "Beh, attrae chiunque voglia cambiare la propria vita!" Come sarebbe se non ci fossero statistiche per il tuo business? Come sarebbe se tu non avessi quel tipo di giudizio o di proiezione come parte integrante del tuo concetto di *business*? Come sarebbe se fossi semplicemente disposto a ricevere chiunque si presentasse, fosse anche qualcuno che ti dice che non ce la farai mai, così come qualcuno che contribuisse enormemente al tuo successo?

Ci può essere un certo pubblico o un tipo di clientela più portata ad apprezzare i tuoi prodotti o il servizio che offri, ma se funzioni partendo dalla conclusione che questo è il tuo tipo di clientela, non permetterai a niente e a nessun altro di arrivare. Se tu proietti su di un *business* l'idea che deve avere un certo andamento secondo statistica e che potrà servire solo alle femmine che vanno dai 15 ai 25 anni, allora questo sarà tutto ciò che il *business* attrarrà. Tuttavia, se chiedi: "Che cosa ci vorrebbe affinché questo *business* fosse un invito a tutti coloro che desiderano cambiare la propria vita?" apri lo spazio che permette a chiunque di presentarsi.

Ti sei mai trovato a giudicare un *business* e le sue probabilità di avere successo? "Questo business non riuscirà a fare soldi," è una proiezione ed un giudizio.

Perché non chiedere invece:

+ *Che cosa deve cambiare qui?*
+ *Che cosa potremmo cambiare?*
+ *Possiamo cambiarlo?*
+ *Come lo cambiamo?*

Riesci a vedere come i giudizi bloccano l'energia, mentre le domande la espandono? Quando fai una domanda inviti una maggiore consapevolezza a mostrarsi e con essa maggiori possibilità.

Hai dei giudizi in merito a ciò che sia, o meno, possibile nel tuo *business*? Anni fa lavorai con un tizio che era cresciuto in una situazione molto difficile. A causa di questa sua esperienza, tendeva a funzionare dalle decisioni e dai giudizi. Traeva conclusioni del tipo: "Bisogna lavorare duro per i soldi" e quando arrivava una possibilità più grande, diceva: "Oh, non succederà mai!" Metteva il suo giudizio su ogni cosa potesse arrivare, fermando il flusso di ciò che sarebbe potuto accadere. Saresti disposto a cambiare l'energia di tutti i giudizi e le conclusioni che hai posto e permettere alle infinite possibilità di presentarsi a te e per il tuo *business*?

Giudichi i tuoi clienti o utenti?

Quando la gente arriva da te, la giudichi all'istante? Ne fai una valutazione a seconda di come appaiono? Decidi quanti soldi hanno, quanti soldi non hanno o quanti ne spenderanno? Decidi quali siano i clienti con i quali intendi avere a che fare e quelli con cui non vuoi? La maggior parte di noi lo fa e questo ci limita terribilmente.

Mi ricordo di una signora con la quale avevo lavorato, che faceva bodywork, alla quale gli affari non andavano bene. Si interrogava per quale motivo non avesse un numero maggiore di clienti. Dopo averci parlato un po', mi disse: "Voglio solo trattare persone coscienti e consapevoli." Quando formuli un giudizio del genere, avrai un'attività piccola! Non si rendeva conto di come il suo giudizio impedisse a potenziali clienti di arrivare a lei. Come puoi ricevere soldi da qualcuno quando non riesci a ricevere ciò che è?

Interessante Punto di Vista

Alcuni mesi fa, alcune persone mi hanno incoraggiato a iniziare un blog su Access Consciousness® per raccontare le cose che stavo facendo in giro per il mondo. Pensai di provarci. Sapevo che non a tutti sarebbe piaciuto ciò che scrivevo e che avrei ricevuto dei contraccolpi e dei giudizi a riguardo. E difatti, così fu. Un'altra *blogger* iniziò a scrivere commenti critici su alcuni dei miei interventi.

Quando qualcuno ci scaglia addosso un giudizio, abbiamo la tendenza a resistere o reagire ad esso, dicendo: "Ma come può dire una cosa del genere?" oppure ci allineiamo e concordiamo con quel pensiero: "Sai che c'è? Sono in tutto e per tutto sbagliato (o nel giusto) proprio come dicono!" Pochissime persone sono in *allowance* ("permettere che sia" in italiano- n.d.r.), rimanere nel: "**Oh, questo è un interessante punto di vista.**" Quando sei in allowance, lasci che il giudizio ti scivoli addosso.

Fortunatamente, non sono caduta nella trappola di confutare i giudizi dell'altra blogger. Non ho resistito e reagito, né mi sono allineata o ho concordato con essi. Ho letto i suoi commenti ed ho pensato: "Beh, è un interessante punto di vista." E ho lasciato perdere. Sapevo che i suoi giudizi non avevano nulla a che fare con me. Riguardavano lei. Se sei disposto a ricevere giudizi, puoi effettivamente usarli a tuo favore. Saprai da dove funziona quella persona, e che cosa non è disposta a ricevere. In effetti, potresti anche usare quelle informazioni per manipolare la situazione a tuo beneficio.

Quando resistiamo e reagiamo, o ci allineiamo e concordiamo, con il giudizio che gli altri hanno su di noi, le nostre reazioni diventano un elemento che ci distrae dal ricevere. Quando siamo disposti a ricevere il giudizio senza averne alcun punto di vista, lo possiamo "sur-creare" ("creare, rispetto a ciò a cui ci si riferisce, oltre i limiti delle definizioni o dei giudizi attuali" in Inglese: out-create- n.d.r.). Possiamo creare e generare il *business* che desideriamo veramente.

Se intendi avere successo negli affari, devi essere preparato che ti si presenti qualunque cosa, non importa quale aspetto abbia. Devi essere disposto a ricevere giudizi, non solamente da un anonimo *blogger* o da conoscenti occasionali, ma anche dai tuoi soci d'affari e dai colleghi. Quando qualcuno ti giudica, usa le domande, chiedi che ti venga data più consapevolezza ed esigi di essere più in *allowance*, qualunque sia il giudizio. I giudizi non sono reali. Se li vivi come reali, fermi il flusso dei tuoi affari e delle possibilità che sono a disposizione. Questa è, forse, una delle cose più importanti da capire riguardo ai giudizi: non sono veri. Si basano su ciò che la persona che giudica non è disposta a ricevere.

Devi essere disposto a ricevere tutti i giudizi, il che significa che devi essere in *allowance* del giudizio e trattarlo come un interessante punto di vista. Se non lo fai e inizi ad allinearti e a concordare, o a resistere e reagire, permetti al giudizio di fermare il flusso di tutte le possibilità, sia in quel momento che nel futuro. È proprio di gran lunga più facile ricevere il giudizio! Inoltre, ogni giudizio è effettivamente un contributo alla creazione del tuo business. Per esempio, se qualcuno giudica che sei ricco, creerai più soldi. Se qualcuno giudica che hai successo, inviterai più successo.

La sindrome del "Gradasso"

In Australia abbiamo quella che viene chiamata *Tall Poppy Syndrome* (*Tendenza a screditare ogni persona che ha ottenuto grande risalto o successo economico – n.d.r.*) (*Tall Poppy: "Fare il Gradasso", o "Tirarsela" in gergo italiano; n.d.r.*).

La gente dà per scontato che una persona non dovrebbe eccellere o emergere dalla massa. Non dovrebbe essere ricca e avere successo a meno che lo abbia ottenuto duramente. E se tu ottieni grande successo con facilità, la gente ti giudicherà senza pietà e cercherà di trascinarti giù al loro livello. Alcune persone non provano nemmeno a fare qualche cosa di grandioso perché non vogliono essere il *Tall Poppy* (letteralmente Papevero alto – n.d.r.) a cui verranno segate le gambe.

Forse ti chiederai: "Perché devo ricevere il giudizio? Odio venir giudicato!" Potresti pensare di poter porre un limite ai giudizi che riceverai, ma non funziona così. Il fatto è che, quando non vuoi ricevere giudizi, limiti il tuo ricevere: il che significa che non riceverai tutte le cose che ti piacerebbe avere nella vita, inclusi i soldi.

Il Processo di Pulizia

A questo punto vorrei introdurvi il processo di pulizia che usiamo in Access Consciousness®, così potrete cominciare a ripulire i giudizi che potreste avere sugli altri, su voi stessi e sul vostro business.

Funziona così.

Iniziamo con una domanda facile:

Quale giudizio hai reso più reale delle infinite possibilità per te e per il tuo business?

Non è necessario cercare una risposta a questa domanda. Stai ricercando una consapevolezza, non una risposta. E ti potrebbe arrivare anche non verbalizzata. Potrebbe arrivarti sotto forma di energia o di una sensazione. Forse potresti anche non sapere, a livello cognitivo, quale sia la risposta alla domanda. Non importa come ti arriva. Hai solo bisogno di fare la domanda. E poi esprimerai la tua volontà di ricevere totalmente l'energia che la domanda ha sollevato (se sei davvero disposto a riceverla) così come pure di distruggerla e screarla:

> *Tutto quello che ciò è, lo distruggo e screo, per un dioziliardo di volte.*

Il passo successivo è quello di usare la frase di pulizia. La frase di pulizia cancella i tuoi punti di vista limitati, in modo che tu possa avere una differente possibilità nella tua vita e nel tuo business. Va al punto di distruzione (POD) e al punto di creazione (POC) dei pensieri, sentimenti ed emozioni immediatamente precedenti la decisione, il giudizio e la limitazione che hai assunto. È come tirar via la prima carta alla base di un castello di carte. Tutto il castello crolla. Non importa se il punto di distruzione, o il punto di creazione, sia stato creato la scorsa settimana o un centinaio di milioni di anni fa. La frase di pulizia va nel primo posto in cui questi punti di vista sono stati creati e libera le decisioni che hai preso. Quando usi la domanda e la frase di pulizia, tutto questo avviene energeticamente.

Un modo per capire la frase di pulizia è che questa è la lingua dell'energia. Non importa se la comprendi con la tua mente; è sufficiente usarla. Se tu potessi risolvere tutto con la tua mente logica, avresti già tutto ciò che hai desiderato. Qualunque sia la cosa che ti sta trattenendo dall'avere ciò che desideri, non appartiene alla logica. Sono i punti di vista insani che noi desideriamo distruggere. La frase di pulizia è progettata per bruciare tutti i punti di vista che hai, così puoi iniziare a funzionare dalla tua consapevolezza e dal tuo sapere.

Consapevolezza e sapere, sono ciò che davvero sei. Sei un essere infinito, ed in quanto tale, puoi percepire tutto, sapere tutto, essere tutto e ricevere tutto. Puoi funzionare dalla totale consapevolezza e dalla totale coscienza in tutti gli aspetti della tua vita, inclusi gli affari, se scegli di farlo.

Puoi funzionare dalle possibilità, scelta, cambiamento, esigenza e contributo. Puoi aprire oggi le porte a ciò che è possibile oggi per te, per il tuo business, per la tua vita e per il pianeta. Se sei disposto a funzionare come l'essere infinito che in realtà sei, puoi invitare il mondo a cambiare e puoi far espandere il tuo business. E puoi creare più gioia, felicità e gratitudine nella tua vita e nel tuo vivere. Ecco perché ripulire i giudizi è una cosa così potente!

La Frase di Pulizia

Dopo che hai espresso la tua disponibilità a ricevere l'energia che la domanda ha fatto emergere, di' la frase di pulizia:

Giusto e sbagliato, bene e male, POD e POC, tutti nove, shorts, boys e beyonds.[1]

---

1 Se vuoi maggiori informazioni sul significato delle parole nella frase di pulizia, vai al glossario per una spiegazione più dettagliata.

Puoi usare l'intera frase di pulizia, così come è scritta qui – o puoi dire solamente: "Tutto ciò che è, POD e POC" oppure "Tutto quello che ho letto nel libro." Così l'energia si accumula e inizia a distruggere e screare qualunque sia il punto di vista. Provaci!

Incorrerai in diverse domande nel corso di questo libro, e potresti avere una risposta energetica ad alcune di queste. Usa la frase di pulizia per liberare quell'energia che sale. Ricorda: ha a che fare con l'energia, non ha a che fare con le parole. L'energia viene prima delle parole.

Non renderlo significativo. Stai solo liberando energia e tutti i punti di vista, limitazioni e giudizi che hai creato. Provaci. Se ti funziona, fantastico! Qual è la peggior cosa che potrebbe succedere? Oh! Potrebbe trasformare completamente il tuo business e la tua vita. Potrebbe farti fare più soldi. E potrebbe renderti più gioioso!

Ok, sei pronto per far scorrere il processo ora? È facile.

Quale giudizio ho reso più reale delle infinite possibilità per me e per il mio business? Tutto quello che ciò è, e ovunque non sono stato disposto a riceverlo, lo distruggo e screo per un dioziliardo di volte. Giusto e sbagliato, bene e male, POD e POC, tutti 9, shorts, boys e beyonds.

Giudicare gli Altri

Ti piacerebbe fare ancora qualche pulizia sui tuoi giudizi negli affari e nella vita? Ecco una gran bella domanda da usare quando ti scopri a giudicare gli altri. È fantastica, perché attraverso tutte le esistenze siamo stati e abbiamo fatto di tutto, e perché tu possa giudicare qualche cosa devi esserlo stato o averlo fatto. Per esempio, se c'è qualcuno con cui stai lavorando che dice o fa qualche cosa, e tu ti scopri a giudicarli, chiedi:

Dove sono stato e ho fatto questa cosa in precedenza? Tutto quello che ciò è, lo distruggo e screo, per un dioziliardo di volte. Giusto e sbagliato, bene e male, POD e POC, tutti 9, shorts, boys e beyonds.

I tuoi giudizi ti impediscono di ricevere tutto ciò che è possibile

Capitolo 4

Ogni domanda crea una possibilità

I miei amici australiani, Chutisa e Steve Bowman, hanno scritto molti libri fantastici tra cui *Leadership Consapevole* e *Prosperità Consapevole*. Chutisa e Steve girano il mondo e lavorano assieme ad Amministratori Delegati e Consigli di Amministrazione di diverse aziende. Il loro punto di vista è che, se si riesce a creare consapevolezza al vertice, essa fluirà mano a mano in tutta l'azienda. Hanno notato che Amministratori Delegati di grande successo hanno l'abitudine di fare domande. Questi Amministratori Delegati non pensano mai di avere ragione o di avere tutte le risposte: fanno, invece, domande in continuazione. Una domanda è l'invito per nuove possibilità, nuove informazioni e nuovi punti di vista. Una domanda permette che qualcos'altro si mostri, laddove una risposta invece ti conduce ad un punto morto. Una risposta dice: "Questo è quanto. No, grazie. Basta così."

Quando le domande giungono dal vertice di un *business*, un flusso e una sensazione di possibilità si creano per chiunque all'interno di quell'attività, in quanto ogni persona dell'azienda apporta qualche cosa di differente. Come sarebbe se tu riconoscessi che ogni persona nella tua azienda o nel tuo *business* offre una prospettiva diversa fondata sulla di lui o di lei consapevolezza? Come sarebbe se tu fossi disposto a ricevere, riconoscere ed essere grato per la consapevolezza di ogni singola persona nel tuo *business* e per il contributo che essa apporta? Potresti, inoltre, essere disposto a ricevere, riconoscere ed essere grato per ogni persona presente nella tua vita e per il contributo che è per te. Potrebbero cambiare giusto un po' di cose per te.

Avere le Risposte

Nel corso degli ultimi anni, ho parlato con molte persone circa i loro *business* e i progetti nei quali sono impegnati e, molte di loro, hanno il punto di vista che, quando sei in affari, devi elaborare ogni minimo dettaglio prima che qualcosa accada, anziché lasciare che sia.

Tutto ciò è relativo al modo in cui veniamo educati. Ci viene insegnato, sin dalla più tenera età, che dobbiamo avere tutte le risposte. Non appena iniziamo ad andare a scuola, impariamo a crescere con le risposte "giuste" così da poter superare l'anno scolastico. Ma avere successo negli affari non ha a che fare con l'avere le risposte, raggiungere le "giuste" conclusioni, prevedere ciò che succederà o cercare di far accadere alcune cose: riguarda essere la domanda. Puoi far ripartire il tuo *business* e la tua vita quando fai domande, quando ti fidi del tuo sapere e quando sviluppi la tua consapevolezza su che cos'altro è possibile.

Non *Pensare*—Fai Domande

Anziché giungere a riposte, conclusioni e decisioni, esercitati a fare domande. Quando fai una domanda ricevi subito una risposta energetica. Per esempio, se fai una domanda del tipo: "Verità, questa cosa mi farà fare soldi?" un'energia si presenterà e saprai se è *no* oppure *sì*. L'energia arriva prima delle parole e il tuo sapere è istantaneo. Spesso le persone non sono disposte a riconoscere ciò che sanno e iniziano a pensare anziché chiedere: "Verità, che cosa mi sta indicando l'energia?" Dubitano del loro sapere, ed è allora che le cose diventano confuse. Invece di pensarci su, fai una domanda. Sii disposto a seguire la tua consapevolezza, sii disposto a seguire ciò che sai e a creare una scelta basata su quello. Ricorda: la scelta crea la consapevolezza.

Per esempio, se stai prendendo in considerazione di assumere qualcuno, puoi chiedere: "Verità, questa persona mi farà fare soldi?" e percepirai istantaneamente una risposta energetica: l'energia sarà più pesante o più leggera. Se la avverti pesante, generalmente è una bugia. **Se la senti leggera, è generalmente una verità.** Usa questo strumento mentre stai facendo domande e facendo scelte in merito ai tuoi affari. Se segui l'energia, saprai che cosa fare. Se non fai domande e non sei aperto all'essere consapevole, potresti rintanarti nella tua testa e metterti a pensare.

Potresti avere un'aspettativa prima ancora che qualcosa avvenga. È come immaginarsi come funzionerà qualcosa prima ancora che tu gli dia una chance di mostrarti le sue possibilità. Fidati: è molto più facile seguire l'energia e fare domande piuttosto che chiuderti nella tua testa e metterti a pensare.

Tu, in quanto essere infinito, sai tutto: non c'è niente che non sai. Smettila di funzionare da quello che io chiamo "Trip Mentale degli affari"; piuttosto usa le domande, segui l'energia e funziona dalla tua consapevolezza e dal tuo sapere. Ti divertirai molto, ma molto di più, e potresti persino arrivare a essere gioioso negli affari!

Se lo senti leggero è vero. Se lo senti pesante è una bugia.

Io usai questo strumento del pesante/leggero quando cominciai a fare affari negli Stati Uniti. Quando cominciai, non sapevo nulla di come venissero sbrigati gli affari in quel paese, così iniziai a parlare con avvocati e commercialisti per ottenere le informazioni di cui necessitavo. Pensavo che avvocati e commercialisti sapessero tutto, finché realizzai: "Caspita! Non solo non sto ottenendo le informazioni che richiedo, ma mi stanno dando dati contraddittori." Finalmente compresi che ciò che ti fa sentire leggero è vero e ciò che ti fa sentire pesante è una bugia.

Dicevo: "Va bene, ho parlato con tutti questi avvocati e commercialisti e tutto questo ha molto più senso, e mi fa sentire più leggera. Se incorporassi ciò che mi sta dicendo questa persona, cosa creerebbe? Creerà il cambiamento che desidero?" Fare scelte in questo modo è molto diverso dal pensare con linearità e andare in cerca di risposte: è davvero più facile e più divertente. Questa è la gioia degli affari. Non devi sapere tutto e da solo, devi solo essere disposto a fare domande.

La Tua Mente Sa Solo Ciò Che è Stato Fatto in Precedenza

La tua mente sa solo ciò che è stato fatto in precedenza, di conseguenza limita la tua percezione di ciò che è possibile. Se tu chiedi che ti arrivino delle cose che sono al di là di ciò che hai mai potuto immaginare, chi può sapere quali possibilità si presenteranno? Alcune volte, quando fai una domanda, le cose si presentano istantaneamente sul piano fisico. Chiedi: **Che cosa ci vorrebbe perché il mio *business* si espandesse ancora di più?** E bum! Qualche cosa o qualcuno arriva. Magari qualcuno che desidera investire due milioni di dollari nel tuo *business*. Forse incontrerai un produttore famoso che vuole aiutarti ad avanzare nella tua carriera di cantante. Forse qualche cosa arriverà, che non assomiglia lontanamente al tuo *business*. (Ricorda: devi essere disposto a riceverlo.)

Una domanda può cambiare tutto.

Usa le domande in tutte gli ambiti della tua vita: con i tuoi affari, con le tue relazioni e con i tuoi soldi. Devi fare le domande dallo spazio delle possibilità infinite e rendendoti disponibile a ricevere qualunque e ogni cosa; non puoi raggiungere una decisione riguardo a quale dovrebbe essere la risposta. Che cosa ci vorrebbe perché tu fossi consapevole e aperto all'infinita scelta e alle infinite possibilità?

Essere Coinvolti nella Riuscita

Quando sei coinvolto nella riuscita vuoi una risposta o un risultato. Ti fissi su di esso e spegni la tua consapevolezza di tutto il resto: diventi esattamente come un cavallo da corsa con i paraocchi, non stai più percependo e ricevendo le informazioni e i doni che l'universo ti sta offrendo. Non puoi vedere nulla al di fuori di ciò che combacia con il risultato sul quale ti sei concentrato.

Ti si potrebbe presentare una fantastica possibilità e sta proprio al di là di quello che riesci a percepire. Questa cosa è successa a un mio amico che aveva messo in piedi svariati business di successo. Usò le domande, la magia arrivò e lui fu in grado di creare e generare molto di più di ciò che credeva fosse possibile. Ma, recentemente, ha avviato un altro business, un business che voleva fortemente che riuscisse, e non ottenne lo stesso tipo di successo. Perché? Era così coinvolto nella riuscita da non riuscire più a vedere che cosa fosse possibile.

Le Domande Aprono le Porte alle Possibilità

Recentemente abbiamo formulato un interessante giudizio in merito alla nostra acqua in bottiglia *Good Vibes*. Desideravamo passare dalle bottiglie in plastica PET a bottiglie totalmente biodegradabili e pensavamo che i venditori all'ingrosso avrebbero sostenuto con entusiasmo questo cambiamento. Queste sono più costose rispetto a quelle convenzionali, ma avevamo deciso che la gente sarebbe stata disposta a pagare un po' di più per dell'acqua in bottiglie biodegradabili, in quanto era un modo di prendersi cura del pianeta (notate come non avessimo fatto una domanda. Siamo giunti direttamente a una risposta e a un giudizio). Ci aspettavamo che la gente facesse salti di gioia all'annuncio di questa sostituzione, pensavamo che sarebbe arrivata la banda e che sarebbero iniziati i fuochi d'artificio. Yu-huu! Hurrà!

Tuttavia, non fu così che reagirono i nostri grossisti: scoprimmo che per loro era molto più importante il prezzo. Alla fine dovemmo riconoscere che eravamo giunti a una conclusione e ci rendemmo disponibili a ricevere il punto di vista dei grossisti, a fare più domande e, al tempo stesso a non abbandonare ciò che sapevamo essere possibile (non concludere mai di avere fallito). Abbandonammo il giudizio che avevamo riguardo al modo in cui il pubblico avrebbe ricevuto il nostro prodotto e facemmo domande: "Che cosa dobbiamo cambiare qui? Che cosa dobbiamo aggiungere? Con chi dobbiamo parlare? Quali informazioni richiedono?" Queste domande aprirono le porte a delle nuove possibilità per noi. Da quel momento siamo in contatto con altri business che sono grati dell'esistenza di acqua in bottiglie biodegradabili.

Una Affermazione Con un Punto Interrogativo al Fondo

A volte la gente decide ciò che è necessario che si verifichi nel proprio business, dopo di che cerca di trasformare la propria decisione in una domanda. Questa è una affermazione con un punto di domanda in fondo: non porta da nessuna parte. Rimarrai nello stesso posto in cui sei sempre stato e questo perché quando giungi a una conclusione o a una decisione, blocchi l'energia; e tutto è energia, nell'universo. Invece, quando formuli una domanda infinita, essa ti potenzia e invita ciò che è possibile.

Recentemente ho parlato con una donna che era stanca dei tempi morti nella sua attività di commercio al dettaglio. Le chiesi: "Dunque, quale domanda potresti fare al riguardo?"

Lei rispose: "Che cosa ci vorrebbe perché la gente entrasse qui a spendere denaro?"

Questa è una affermazione con un punto di domanda appiccicato al fondo. Lei aveva deciso che la risposta doveva essere avere persone che entrassero nella sua attività a spendere soldi e poi aveva cercato di trasformare la sua decisione in una domanda.

Io suggerii: "Una domanda molto più espansiva potrebbe essere: 'Chi o che cosa potrei aggiungere al mio business che genererebbe soldi oggi e nel futuro?' Così ci si apre alle possibilità, non solo a quelle che ci sono oggi, ma anche alle possibilità del futuro. Chi lo sa che cosa potrebbe arrivare? Magari qualcuno potrebbe farti l'offerta di comperare la tua attività per il doppio del suo valore. Magari qualcuno potrebbe offrirsi di sviluppare un franchising della tua attività ed esportarlo in tutto il mondo!"

Ci sono infinite possibilità.

Tutto è possibile.

Qual è la Prossima Cosa da Fare?

Se arrivi ad un punto, nel tuo *business*, nel quale ti chiedi: "E ora, che cosa dovrei fare?"— allora fai domande! Le domande sono fondamentali. Se percepisci che tu ed il tuo *business* siete fermi, fai domande del tipo:

+ Quali informazioni mi mancano?
+ Con chi devo parlare?
+ Dove dobbiamo essere?
+ Questo *business* desidera cambiare?
+ Che cosa possiamo istituire oggi per creare di più adesso e nel futuro?
+ Quale magia può presentarsi oggi, per me e per la mia attività?
+ Come può essere ancora meglio di così?
+ Che cosa non siamo disposti a fare, essere, avere, creare e generare con, e in quanto, *business*, che se lo facessimo attrarrebbe più possibilità di quanto abbiamo mai pensato fosse possibile? (Usate la frase di pulizia alla fine di questa domanda.)

Se sei disposto ad ascoltare riceverai le informazioni che ti servono.

Un altro momento fantastico per fare queste domande è quando ti accorgi di temporeggiare. Come sarebbe se tutto ciò che ti serve è avere più informazioni? Ogni qualvolta senti che tu e la tua attività siete bloccati, tutto ciò di cui hai bisogno sono maggiori o differenti informazioni. Fai più domande.

L'universo desidera esserti amico, vuole aiutarti, adora quando tu fai domande. Dice: "Si! Mi stai facendo delle domande e sei disposto a ricevere." C'è un vecchio film in cui uno dei personaggi sostiene che l'universo è un banchetto durante il quale ci sono persone che muoiono di fame. Il banchetto sta proprio di fronte a te: tutto ciò che devi fare è porre domande ed essere disposto a ricevere di più.

Le domande potenziano. Le risposte de-potenziano.

Usa le Domande per Riconoscere Ciò Che Puoi Creare e Generare

Ogni volta che qualche cosa nel tuo business procede bene o senti che qualche cosa ha avuto successo, riconoscilo. Come fai? Ci sono due modi.

Il primo è di esserne grato! Sii grato per tutto ciò che ti si presenta, sii grato per ogni euro che tu ed il tuo business guadagnate, sii grato di tutto ciò che ha avuto successo.

Il secondo modo è quello di fare domande. Non trarre conclusioni dicendo cose come: "Caspita! Ha funzionato bene." Domanda, invece:

+ Come può essere ancora meglio di così?
+ Che cos'altro è possibile?

Domande come queste invitano più successo. Affermazioni quali: "È stato fantastico!" conducono a un punto morto, non invitano nuove possibilità. Qual è la differenza energetica tra dire: "Caspita, è stato il miglior sesso che io abbia mai fatto!" e "Caspita, come può essere ancora meglio di così?" Quale domanda invita più possibilità (e dell'altro incredibile sesso)? Quale tende a fermare l'energia dal proseguire? In altre parole, come puoi avere ancora più cose belle? Fai domande!

Non fare domande solamente quando le cose non ti arrivano come vorresti che fossero. Fai domande, non importa cosa stia succedendo. Perché? Stai chiedendo all'universo di contribuire a te con qualcosa di ancora più grande!

Una mia amica era andata a Parigi per affari ed aveva deciso che le sarebbe piaciuto passare la sua ultima notte in città in un bellissimo albergo cinque-stelle. La parola chiave qui è: "deciso". Aveva preso una decisione riguardo ciò che sarebbe dovuto accadere, e questo ferma il flusso delle cose. Andò all'albergo e chiese una camera, l'impiegato alla reception disse che era spiacente, ma erano al completo.

Avrebbe potuto andarsene, sentendosi delusa, ma siccome scelse, a quel punto, di fare una domanda le cose proseguirono. Rimase al banco e chiese: "Come può essere ancora meglio di così?"

Il signore disse: "Mi spiace."

La mia amica chiese nuovamente: "Beh, come può essere ancora meglio di così?"

L'uomo rispose: "Un momento, per cortesia. Vado a parlare con il direttore."

Il direttore uscì e chiese che cosa desiderava, e lei rispose che quella era la sua ultima sera a Parigi e stava cercando una stanza. Lui disse. "Mi spiace, ma siamo al completo."

Nuovamente lei domandò: "Come può essere anche meglio di così?"

Lui la guardò e poi guardò sul terminale e disse: "Beh...l'unica stanza che abbiamo disponibile questa sera è la suite dell'attico." Fece un momento di pausa e poi continuò: "Possiamo dargliela al prezzo di una camera standard per una notte sola."

Con un gran sorriso, la mia amica chiese: "Come può essere ancora meglio di così?" Le diedero la camera ed inoltre le mandarono una bottiglia di champagne nella sua suite! (Come può essere meglio di così?)

Puoi usare questa domanda in qualunque situazione. In Nuova Zelanda, il capo reparto vendite di un'azienda che vendeva lavatrici, venne a sapere di questo strumento e lo insegnò al suo personale. Suggerì che chiedessero "Come può essere ancora meglio di così?" ogni volta che vendevano qualche cosa, come pure tutte le volte che non vendevano niente. Il personale lo fece e, in sei mesi, gli affari duplicarono. Tutti erano entusiasti del successo e delle vendite, il che creava anche maggiore gioia nell'attività. Se crei un ambiente dove le persone funzionano dalla domanda, e sono disposte a ricevere ogni cosa, le cose si muovono più velocemente, la gente stessa si diverte di più. Questa è la gioia del business.

Non ha alcuna importanza che tu stia fornendo un servizio o vendendo un prodotto, fai una domanda dopo ogni vendita (e anche tutte le volte che non vendi niente) e stai a vedere cosa succede. Fare domande permette a molte più cose di presentarsi. Puoi anche provare con queste altre domande:

+ **Quale magia posso creare nel mio *business* oggi?**
+ **Che cosa ci vorrebbe affinché più soldi di quanti io abbia mai pensato fosse possibile mi arrivassero oggi e nel futuro?**

Se sei disposto a lasciare che accada delle cose inaspettate possono arrivare dai posti più impensati.

Devi riconoscere ogni possibilità che ti si presenta che combacia con gli obiettivi che stai creando per il tuo business, progetto, prodotto o di qualunque altra cosa si tratti. Non c'è nessun altro che lo farà al posto tuo. Non startene seduto aspettando che qualcuno ti venga a dire quanto sei grandioso e quale splendido lavoro hai svolto. Riconosci ciò che crei e che generi. Per esempio, se stai facilitando con processi di Acces Consciousness® con le persone, è un tale dono quando qualcuno cambia e vede un'altra possibilità. Devi riconoscere che tu lo stai facilitando. Ogni volta che avete "successo", chiedete: "Come può essere ancora meglio di così?" o "Che cos'altro è possibile?" Se lo puoi fare per te stesso tutto si espanderà, per te e per coloro che ti stanno accanto. È semplice e facile.

L'universo è abbondante. Vuole offrirti dei doni.

Quando fai una domanda attingi all'abbondanza dell'universo.

Capitolo 5

Realtà e sintonizzazione. Credi alle cose impossibili?

Nel libro di Lewis Carroll, tradotto in italiano con il titolo Dietro lo Specchio, Alice dice alla Regina Bianca:"Una persona non può credere in cose impossibili."

La regina risponde: "Come no, alcune volte sono riuscita a credere a sei cose impossibili prima di fare colazione."

Amo la replica della regina. Esprime la gioia, le possibilità e il divertimento che puoi essere nel tuo business e nella tua vita. Ma la maggior parte di noi è stata educata (In inglese "Entrained" sintonizzarsi, figurativamente mettersi su binari stabili. Abbiamo ritenuto per la cultura italiana renderlo con educata, n.d.r.) a pensare come tutti gli altri. Ci insegnano che dobbiamo vivere in una realtà che si fonda sulle idee e sui limitati punti di vista di tutti gli altri riguardo a ciò che è possibile. Ci viene detto che dobbiamo "essere realistici". Veniamo educati a non credere in cose "impossibili".

Sintonizzazione
Se metti assieme in una stanza un mucchio di orologi che procedono con andamenti differenti, essi, finiranno per sincronizzarsi l'uno con l'altro ed inizieranno a scandire il tempo insieme.

Questo viene detto allinearsi e questo è ciò che facciamo noi stessi. Ci sintonizziamo con la realtà di tutti gli altri all'interno della nostra cultura, professione o in qualunque altra situazione ci si trovi. Tendiamo a credere a ciò a cui gli altri credono e a fare le cose nel modo in cui le fanno gli altri. Per la maggior parte delle persone è comodo funzionare dall'allineamento come fonte per la connessione e realtà negli affari: è per questo motivo che lo fanno.

Dal momento in cui ti svegli la mattina, sei stato abituato a mangiare certe cose, a essere in un certo modo, a indossare certi abiti, a lavorare secondo alcuni orari, a guadagnare una certa somma e non un'altra? Stai creando le tue finanze in modo da adeguarti a ciò che tutti gli altri fanno, così da poter essere proprio come loro? Se così è, probabilmente ti stai muovendo secondo quella che definiamo come "realtà contestuale".

Realtà Contestuale

La realtà contestuale è la realtà per la quale ci siamo sintonizzati. Essa si basa su tempo, dimensioni, realtà e materia. Queste sono le cose che rendiamo reali nella realtà contestuale. Ma, in verità, esiste davvero il tempo o è un'invenzione? È qualche cosa che abbiamo creato. La stessa cosa vale per dimensioni, realtà e materia. Sono tutte creazioni basate sul modo in cui ci hanno educato a percepire. Non si fondano sulla magia di ciò che può accadere. Non si fondano su ciò che è davvero possibile.

Quando agisci nella realtà contestuale cerchi di vedere dove stai bene, dove hai benefici, dove vinci e dove perdi. La realtà contestuale ti dice quando funzioni col tuo business o dove sia il tuo posto: non puoi andare da nessun'altra parte. Ti dice come calcolare il modo in cui il tuo business ti dà dei benefici e come calibrare il tuo successo basandoti sull'ammontare che hai sul tuo conto in banca.

Realtà Non-Contestuale

Come sarebbe se cambiassi binario, cambiassi gli universi e funzionassi da una realtà totalmente differente da quella per la quale ti sei sintonizzato? Puoi farlo. Puoi agire in una realtà non-contestuale. Anziché vedere ciò che è possibile in termini di tempo, dimensioni, realtà e materia, come sarebbe se percepissi energia, spazio e consapevolezza? Come sarebbe sapere che tutto ha consapevolezza, inclusa la sedia sulla quale sei seduto? Ogni cosa ha consapevolezza. Ogni cosa ha energia. E poi c'è lo spazio. Ah...lo spazio. Lo spazio è effettivamente pieno di possibilità e domande.

Funzionare nella realtà non-contestuale ti permette di avere una capacità generativa che va al di là del tempo, dimensione, materia e realtà. La realtà non-contestuale va oltre l'immaginazione. Va al di là della mente logica, al di là dei punti di riferimento, al di là di ciò che altri hanno fatto prima. Va al di là di tutto ciò che io e te siamo mai riusciti a vedere come possibile. Non ha forma, struttura, significato, storia. Quando agisci dalla realtà non-contestuale, fai domande e segui l'energia. Funzioni dal tuo sapere.

I Sentimenti Sono Spesso Fondati sulla Realtà Contestuale

Piuttosto che muoversi dalla consapevolezza, alcune persone si affidano a emozioni intense che consentono loro di "sentire" la giusta risposta per il business, come ad esempio quando fare un certo investimento, o se comperare una proprietà. Loro si affidano all'eccitazione o a qualche altra forte emozione che dica loro che quella è la cosa giusta da fare. Fondamentalmente, creano un giudizio in modo da poter fare una scelta. Questi sentimenti spesso si fondano nella realtà contestuale. In altre parole, sono radicati nell'idea di vincere, perdere, adeguarsi o beneficiare. Ciò che suggerisco io qui è che è possibile agire in una maniera differente. È possibile funzionare dalla tua percezione dell'energia, dello spazio e della consapevolezza. È possibile funzionare dal tuo sapere piuttosto che dalla tua mente o dai tuoi sentimenti.

Ti sto invitando a non rientrare nella zona di conforto e nell'allineamento, ti invito, invece, a dirigerti verso uno spazio in cui muoverti partendo dalla tua consapevolezza di ciò che è possibile. Come sarebbe se tu fossi disposto a fidarti completamente di te stesso e a funzionare dalla tua consapevolezza e dal tuo sapere? Prova ad immaginare come potrebbe essere la tua attività se tu ti fidassi semplicemente di te stesso. Ci sarebbe più o meno denaro? Ci sarebbe più gioia, o meno gioia? Più divertimento o minor divertimento?

A proposito: la consapevolezza non è confortevole.

Questo può essere il motivo per cui così tanta gente la evita.

E se tu creassi i tuoi *business* nel modo in cui sai che puoi crearli? Se non ti muovessi dall'allineamento come fonte per un modello di *business*, il tuo *business* sarebbe una creazione che ti rispecchia. Non avresti competizione, sia che tu gestisca un negozio di abbigliamento, una compagnia di acque minerali o un'agenzia immobiliare. Se ti fidassi di te stesso, il *business* che creeresti sarebbe completamente diverso da quello di chiunque altro. Non guarderesti al *business* di nessun altro per vedere come dirigere il tuo.

Come sarebbe se tempo, dimensioni, realtà e materia fossero elementi che puoi manipolare e usare, piuttosto che essere le così dette fondamenta di questa realtà? Usali quando stai lavorando con persone che funzionano nella realtà contestuale, ma non farti limitare da esse. Cambia gli universi! Funziona da una realtà totalmente differente. Io so che sapete di che cosa sto parlando!

Sei Cose Impossibili

All'inizio del capitolo, ho citato la frase della Regina Bianca: "Come no, alcune volte sono riuscita a credere a sei cose impossibili prima di fare colazione." Per quanto riguarda l'esercizio seguente, ho giocato con questa sua affermazione cambiandola da credere a sei cose impossibili a creare sei cose impossibili.

Crei mai delle cose impossibili? Perché no? Ti invito ad uscire da ciò che sei stato educato a fare, essere, avere e credere; chiedi a te stesso: Quali sono le sei cose impossibili che ho deciso che non posso creare nel mio business oggi?

Scrivi qui di seguito le risposte.

1. _____
2. _____
3. _____
4. _____
5. _____
6. _____

Ora guarda ognuna delle tue risposte e chiedi:

È proprio vero che questa cosa è impossibile?

Che cosa dovrei cambiare, scegliere ed istituire perché questo possa arrivare?

Che cosa dovrei aggiungere al mio business, alla mia vita, al mio vivere e alla mia realtà perché questo possa arrivare?

Scrivi altre sei cose impossibili.

1. _____
2. _____
3. _____
4. _____
5. _____
6. _____

Che cosa hai deciso essere impossibile con il tuo business, con i soldi, con la tua vita, la tua realtà, le tue finanze, i tuoi contanti ed i tuoi flussi di soldi? Tutto quello che ciò è, verità, lo distruggerai e screerai, per un dioziliardo di volte? Giusto e sbagliato, bene e male, POD e POC, tutti 9, shorts, boys e beyonds.

Quale magia potrebbe presentarsi
a te e al tuo business oggi?

Il tuo business sarebbe più facile se gli
permettessi di essere magico?

Il Regno di Noi

Nella realtà contestuale, fare affari, molto spesso, ha a che fare con la competizione e con il vincere. La competizione è vista come parte essenziale del business convenzionale. Le aziende competono le une con le altre per uno stesso gruppo di clienti e una forte competizione viene incoraggiata internamente tra gli impiegati o tra i vari settori. La gente pensa che se vogliono avere successo negli affari, devono strappare il cuore ai loro concorrenti e fare qualunque cosa sia richiesta per "vincere". Credono che questo sia il modo con cui avere successo.

Mi piacerebbe suggerire un altro approccio che si chiama Regno di Noi. Nel Regno di Noi, siamo tutti insieme sullo stesso pianeta, stiamo tutti tirando il carretto verso la stessa destinazione. Non riguarda te come individuo: il vero potere del Regno di Noi è essere capaci di scegliere ciò che funziona per te e per tutti gli altri. Riguarda noi, gli esseri che siamo, e ciò che desideriamo creare.

È un disegno molto più grande: non è come se fossimo una squadra che deve giocare secondo le stesse regole preconfezionate o secondo ciò che qualcuno dice dovremmo fare, ma che tutti siamo capaci di contribuire a qualcosa che potrebbe essere più grande.

E se tu funzionassi dal contributo nel *business*? Come sarebbe se ogni *business* sul pianeta contribuisse a ogni altro? E se chiedessi con che cosa puoi contribuire ad altri attraverso il tuo *business* e che cosa può il tuo *business* contribuire a te? E se tu fossi disposto a contribuire ai *business* di altre persone? Questo non significa che devi dare via il negozio; non significa che devi dare via le tue idee o i tuoi disegni.

Significa che, quando sei disposto a contribuire a tutti e ad ogni cosa, tutto contribuirà all'espansione di te. Quando contribuisci a tutti i *business*, inclusi quelli che appartengono ad altre persone, l'universo contribuisce a te. Quando il contributo e la generosità di spirito divengono il modo in cui operi negli affari, la competizione esce dalla porta. Si tratta di lavorare fuori dalla realtà contestuale.

Impiega l'Universo

In una delle mie classi sulla "Gioia del *Business*" qualcuno mi ha detto: "Ho sempre lavorato duro ed ho svolto molti lavori. Sono stato barista e operaio di fabbrica. Recentemente ho deciso di mettermi in proprio e aprire un'attività, ma non importa che cosa io faccia, non sembra che io riesca ad andare avanti. Continuo a cercare qualcuno che mi dica che cosa fare perché sono abituato così da sempre."

Io gli chiesi: "Come sarebbe se tu impiegassi l'universo e gli chiedessi di contribuire a te? Prova a chiedere: "**Quale energia, spazio e consapevolezza possiamo essere il mio business ed io che ci permetterà di impiegare l'universo per tutta l'eternità?**"

L'universo è lì per aiutarti. Se tu chiedi...ti darà.

Ecco alcune domande che ti aiuteranno a sviluppare la tua capacità e volontà di contribuire a tutto nell'universo.

+ Che cosa posso contribuire ai miei soci d'affari ed impiegati?
+ Quale contributo posso ricevere da loro?
+ Che cosa posso contribuire al *business*?
+ Quale contributo può il *business* ricevere da me?
+ Che cosa può contribuire il *business* a me?

Ti invito a fare queste domande tutti i giorni e di notare quali consapevolezze emergono per te. Fare domande non significa che devi trovare una risposta: riguarda la volontà di traslare l'energia e di permettere a maggiori possibilità di presentarsi.

Tu Contribuisci a Tutto, Inclusi i Soldi

A volte invito le persone a chiedere:

+ Come possono i soldi contribuire a me?
+ Che cosa posso contribuire io ai soldi?

Loro mi rispondono chiedendo a loro volta: "Cosa? Come posso io contribuire ai soldi?"

Io dico: "Tu contribuisci alla tua casa, al tuo mobilio e alla tua macchina, prendendotene cura, non è così? Contribuisci ai soldi nella stessa maniera. Te ne prendi cura. Li nutri così che possano crescere. Ne sei grato. Sei emozionato e ti procura gioia. Dici: "Yu-huu! Soldi!" Contribuisci ai soldi anche mettendoli da parte ed investendoli, il che contribuisce anche alla loro crescita ed espansione."

Facilità e Gioia e Gloria

Uno degli strumenti migliori che ho ricevuto da Access Consciousness® è il mantra di Access: **Tutto nella vita mi viene con facilità e gioia e gloria®**. Significa che *tutto* ciò che ti succede nella vita viene con facilità e gioia e gloria, non solo ciò che hai giudicato come cose buone, anche le cose che giudichi come cattive. Sai quei giorni in cui ti svegli e la vita non sembra per niente grandiosa? Oppure vai al lavoro e ti senti frustrato perché le cose non arrivano nel modo in cui vorresti? Oppure hai così tante cose da fare che non hai idea di come verranno portate a termine?

Non importa che tipo di giornata hai, non importa che cosa stia succedendo, usa il mantra: "Tutto nella vita mi viene con facilità e gioia e gloria." Ripetilo più e più volte. Le cose inizieranno a cambiare per te. Stai chiedendo all'universo di aiutarti per ricevere che tutto nella vita ti venga con facilità e gioia e gloria.

Tutto nella vita mi viene con facilità e gioia e gloria®

Capitolo 6

Umani ed umanoidi. Uscire dal Giudizio di Sé

Prima che incontrassi Gary Douglas ed iniziassi a fare classi di Access Consciousness®, spesso mi sentivo come una strana creatura che non aveva nulla a che fare con questo pianeta. Poi un giorno, durante una classe, Gary parlò dei due tipi di specie che abitano il pianeta Terra: umani e umanoidi. Chiese: "Quando eravate bambini, riuscivate meglio a fare i compiti con la radio e la TV accese e gente che parlava intorno a voi? Quando accadeva, finivate tutto con facilità?" Stava parlando di me!

Continuò dicendo: "Agli umanoidi viene spesso detto che sono sbagliati per il modo in cui fanno le cose. Viene detto loro che devono concentrarsi su una cosa alla volta." Ero sempre io! Mentre Gary continuava a parlare di umani ed umanoidi, mi resi conto che non ero né sbagliata, né bizzarra. Ero semplicemente un'umanoide.

Gli umanoidi funzionano meglio quando hanno almeno quattro o cinque progetti differenti, o conducono diversi *business* al tempo stesso. Se gli umanoidi hanno una sola cosa da gestire, faranno ciò che sembra essere procrastinare. Non è veramente un rinviare: hanno solo bisogno di avere diverse cose da fare per lavorare più velocemente. Quando sei al computer, hai almeno dieci documenti aperti nello stesso momento? Se è così, probabilmente sei un umanoide. Porti a termine le cose più velocemente degli umani. Gli umani tendono a lavorare lentamente. Spesso amano fare una cosa per volta fino a quando è finita e poi passano alla cosa successiva.

Ti Piace Quello Che Fai?

Gli umanoidi hanno la tendenza a divertirsi molto con il loro lavoro. Spesso a loro non importa ciò che fanno. Provano eccitazione circa ciò che possono generare. Il loro atteggiamento è: "Che cosa possiamo fare adesso?" Spesso le persone si imbarazzano nel dire che si divertono a lavorare. Non hai ancora riconosciuto che, in effetti, ti piace lavorare e che sei uno di quelli strambi a cui piace fare affari? O che funzioni dalla gioia degli affari? O che *sei* la gioia degli affari? Gli umani tendono ad avere l'approccio opposto. Dicono cose come: "Uffa! È mercoledì, siamo solo a metà della settimana!" oppure "È lunedì, ancora altri cinque giorni..."

Ti Giudichi?

Un'altra grande differenza tra gli umani e gli umanoidi riguarda il giudizio. Gli umanoidi tendono a giudicare sé stessi. Entrano nell'erroneità di ciò che hanno fatto, o si fissano su ciò che avrebbero potuto fare meglio, anche quando hanno raggiunto dei grandi risultati. Ti descrive? Percepisci sempre che c'è qualcosa di sbagliato con il lavoro che hai svolto? O anche che avresti potuto fare meglio una certa cosa, più velocemente, in maniera più precisa e con una spesa minore? Beh, indovina un po'? Non c'è nulla di sbagliato in ciò che hai fatto!

Probabilmente sei un umanoide e gli umanoidi si giudicano senza sosta.

Al contrario, la maggior parte degli umani giudica incessantemente gli altri: piuttosto che riconoscere che ogni persona ha differenti capacità e differenti prospettive su di un progetto, lavoro o *business* che sia, gli umani tendono a lamentarsi, giudicano gli altri e parlano di ciò che hanno o non hanno fatto. Le loro conversazioni sono piene di commenti del tipo: "Avrebbe dovuto farlo in questa maniera" oppure "Avrebbe potuto finirlo più velocemente." Secondo la loro prospettiva, il lavoro degli altri non è mai giusto.

Umani, Umanoidi e i Soldi

Un altro tratto che distingue gli umani dagli umanoidi riguarda il loro approccio verso i soldi. La maggior parte degli umani sono contenti di avere un salario mensile o uno stipendio, così da sapere quanti soldi avranno ogni settimana. Hanno la tendenza a credere di dover lavorare duramente per i propri soldi e, spesso, per loro il lavoro sembra duro e senza gioia.

Gli umanoidi sono, generalmente, meno interessati ai soldi e sono meno inclini a sistemarsi con un lavoro solamente per lo stipendio fisso. Non fanno della loro attività, o della loro vita, una questione di soldi. Questo non è ciò che li motiva nel creare o generare una qualche cosa. Sono, invece, più interessati all'aspetto creativo del business. Se questo descrive te in qualche modo, potresti voler iniziare a chiedere che i soldi arrivino nella tua vita.

E se la creatività che sei si potesse trasformare in denaro nel tuo conto in banca?

Cambi Spesso Lavoro o Professione?

La maggior parte degli umani si accontenta di mantenere la propria vita così com'è. Non sembra interessata a cambiare nulla mentre gli umanoidi stanno sempre cercando qualcos'altro: desiderano sempre cambiare. Un umanoide è una di quelle persone che ha fatto venti diversi lavori in pochi anni. Allora la gente gli dice: "Sei instabile."

Gli umanoidi chiedono: "Cosa intendi?", in realtà loro vogliono semplicemente provare un sacco di cose differenti.

Questo descrive te? Tu fai solo lavori che vuoi fare, li padroneggi molto velocemente, poi ti annoiano e passi a qualcos'altro? Piuttosto che rimanere incastrato in una cosa a vita preferiresti morire? Non sforzarti a rimanere attaccato ad una cosa: è l'antitesi di ciò che sei in quanto essere.

Prima di sapere di umani e umanoidi, mi sono sempre sentita sbagliata nel continuare a cambiare e cercare qualche cosa di differente. Inoltre sono sempre rimasta basita del perché alcune persone non desiderassero cambiare e non stessero chiedendo qualche cosa di più grande. La descrizione sugli umani e sugli umanoidi mi ha aiutato a capire tutto questo. Ho smesso di sentirmi sbagliata riguardo a come sono e ho capito meglio le persone che mi circondavano, quelli che sembrava non volessero niente di più.

Che Cosa Amano Fare o Essere gli Altri nel Business?

Fare una distinzione tra umani e umanoidi non significa giudicarli: riguarda avere la consapevolezza che ci sono due specie diverse sul pianeta, riguarda creare più facilità e chiarezza per te negli affari e nella tua vita. Capire la differenza tra umani e umanoidi mi ha dato la consapevolezza di ciò che ogni persona ama fare ed essere, nel business. Mi ha anche donato chiarezza, facilità e consapevolezza su come gestire le persone. Mi auguro che questa informazione farà lo stesso per te, oltre a incoraggiarti a uscire dal giudizio di te.

E se tu non fossi mai sbagliato?

E se tu smettessi di giudicarti?

Come sarebbe la tua vita e il tuo vivere?

Creeresti più o meno soldi?

Capitolo 7

Riuscire a fare un milione di cose con facilità

Seguendo l'Energia

Recentemente ho parlato con una donna che aveva diversi interessi ed affari, la quale si domandava come potesse gestire tutto ciò che stava facendo. Spesso le persone hanno problemi nel coordinare le diverse sfaccettature della loro attività o della loro vita, e si preoccupano di non riuscire a stare dietro a tutto. Ti descrive? Contrariamente a ciò che penseresti, l'essere super-organizzati non è la risposta. Qui è dove devi iniziare a seguire l'energia, e funzionare dallo spazio infinito di te.

Prova con questo esercizio:

Chiudi gli occhi per un attimo, espanditi verso l'esterno e percepisci i confini esterni di te. Espandi i confini esterni del tuo corpo e poi continua. Continua ad espanderti verso l'esterno. Riesci ancora a sentire i confini esterni di te? O continui ad espanderti?

Quando ti espandi in questo modo, puoi avere consapevolezza del pianeta intero. Quando ti contrai, tendi ad avere consapevolezza soltanto di due, tre o quattro persone. Se scopri di non avere consapevolezza per l'intero pianeta, esercitati ad espandere la tua consapevolezza. È come un muscolo che puoi sviluppare. Continua ad esercitarti.

Mentre ti eserciti nell'espanderti fuori verso l'universo, scoprirai che puoi funzionare più facilmente dallo spazio infinito di te, e questo ti permette di avere una consapevolezza più grande del mondo. Puoi percepire l'energia di ciò che sta accadendo, ovunque poni la tua attenzione, e quando senti di essere attratto verso una certa direzione, focalizzati su quello e saprai ciò che bisogna fare.

Quando hai trenta progetti in atto nello stesso momento, non significa necessariamente che tu debba lavorare su ognuno di loro ogni giorno, significa che sono tutti presenti nella tua consapevolezza. Non li escludi dalla tua consapevolezza. Riguarda la disponibilità ad essere consapevole, di sapere quando lavorare su qualche cosa o quando hai bisogno di invitare qualcuno per aiutarti. Si torna al consiglio di fare le domande e permettere all'universo di assisterti. (Ricorda, hai assunto l'universo per tutta l'eternità.)

Seguire l'Energia

Seguire l'energia, riguarda il ricevere l'energia che sai che il tuo *business* e la tua vita possono essere, e seguire tutto ciò che si presenta e combacia con essa. Quando segui l'energia di ciò che sai essere possibile, non funzioni dal sintonizzarti con la realtà, come fonte della connessione, funzioni dall'infinito percepire, sapere, essere e ricevere.

Le possibilità, sono al di là di ciò che la tua mente logica conosce, sono al di là del tempo, delle dimensioni, della realtà e della materia. Tu fai la domanda e non hai nemmeno un indizio su come sarà la risposta, o su che cosa ti verrà richiesto di fare o essere e sei pronto ad esserlo e a entrare in azione. Quando segui l'energia, non sai mai che cosa succederà. Come dice il mio amico, dr. Dain Heer: "Non assomiglia mai a come pensavi dovesse essere." Così, in nessun momento puoi trarre una conclusione.

Seguire l'Energia del Tuo *Business*

Quando avevo un ufficio, ci andavo tutti i giorni a lavorare, ma c'erano dei giorni in cui il business ed io non desideravamo lavorare. Presto ho imparato ad andarmene dall'ufficio in quei giorni. Andavo al cinema, a pranzo fuori, a fare una nuotata o fare qualche cosa che fosse divertente per me. Facevo qualche cosa che desideravo, perché sapevo che era controproducente rimanere in ufficio. Altri giorni, lavoravo molto bene dopo la mezzanotte e riuscivo a svolgere il lavoro di una settimana in quattro o cinque ore. Non fare tuo nessuno dei punti di vista di altri riguardo a ciò che un'attività richiede. Non puoi permettertelo. Tu sai ciò che è richiesto.

Quando lavoro, desidero solamente generare. Non prendo in considerazione le ore di lavoro che faccio. Alcune volte questo crea degli scenari interessanti. Ad un certo punto, con *Good Vibes* abbiamo lavorato con un team logistico, e quando questi videro le ore irregolari che facevamo ci dissero che avremmo dovuto rispettare l'orario dalle 9 alle 17. Ci guardammo l'un l'altro dicendo: "Che cosa?" Perché noi chiamavamo persone anche alle nove di sera del sabato, e spedivamo email la domenica pomeriggio. Invece loro ci dissero: "Salvate tutte le vostre mail e mandatele il lunedì mattina." Noi esclamammo: "Che cosa?!?" Un giorno, una persona in America disse ad un mio socio d'affari: "Simone mi ha telefonato ieri, di domenica. Non credo si sia resa conto che era domenica qui da noi." Il mio socio in affari sorrise e disse: "Simone non si è certo resa conto che era domenica, perché per lei ogni giorno è un giorno lavorativo, e ogni giorno è un giorno di vacanza". Seguire l'energia e fare le cose con i propri tempi e con le proprie modalità fa parte della gioia del *business*.

Come Sarebbe Se Tu Creassi Il Tuo *Business* e La Tua Vita In Modo Nuovo Ogni Giorno?

Anni fa, quando giravo il mondo, incontravo persone nuove ogni giorno, passando da un posto ad un altro. Così mi resi così conto che, nel fare questo, potevo creare la mia vita in un modo nuovo ogni giorno. Non avevo aspettative da realizzare e nessun obbligo da colmare: potevo essere tutto ciò che desideravo essere, potevo fare tutto ciò che desideravo fare, non c'era nulla a cui dare troppo significato. Potevo creare me stessa nell'essere differente ogni giorno, e ogni giorno era un'avventura. Quando mi svegliavo la mattina, non sapevo mai dove mi sarei trovata alla fine della giornata. Non sapevo mai dove avrei mangiato, dove avrei dormito, chi avrei incontrato quel giorno, o come sarebbe stata una qualunque cosa.

Perché non dovremmo scegliere di creare lo stesso senso di avventura nei nostri affari e nella vita di tutti i giorni? Come sarebbe svegliarsi ogni giorno e chiedersi: "Come mi piacerebbe che fosse il mio *business* oggi?" Come sarebbe se tu creassi la tua vita e il tuo business *ex-novo* ogni giorno? Come sarebbe se seguissi l'energia e funzionassi dallo spazio infinito che sei?

Che cos'è lo spazio infinito?
È lo spazio che crei nella tua realtà quando
non ci sono conclusioni, limitazioni, aspettative,
solo domande, esigenze e scelta.

Capitolo 8

Tu non sei il tuo *business*

Un giorno, camminando lungo una strada di Sydney, qualcuno esclamò: "Oh, ecco la signora *Good Vibes!*" Di primo acchito trovai la cosa divertente, tuttavia, più ci pensavo più mi rendevo conto di essermi così immedesimata con la mia attività da non sapere chi fossi se non era coivolta la *Good Vibes*. Pensavo di essere il mio *business*. Ora so che non era vero: il mio business è un'entità separata da me, se avessi permesso a me stessa di identificarmi come la "signora *Good Vibes*" allora non avrei mai potuto ricevere la possibilità di lavorare con Access Consciousness®. Avrei escluso tutte le altre possibilità, in modo da mantenere quella identità al suo posto.

Se tu ti identifichi con la tua attività, e pensi che essa sia te stesso, tenderai a dirigere le cose come *tu* pensi che dovrebbero andare e, inavvertitamente, limiterai ciò che è possibile. Vedere te stesso come il *business* significa anche che se l'attività fallisce, devi fallire anche tu, oppure che devi sforzarti di farlo vivere, piuttosto che avere la consapevolezza di dire: "Ok, è stato divertente. Adesso è arrivato il momento di andare oltre!" Sarebbe come forzare una relazione ad esistere. Abbiamo tutti cercato di farlo, e abbiamo imparato che non funziona. Quando è tempo di lasciar andare, è tempo di lasciar andare.

Tutto ha consapevolezza, incluso il tuo *business*. Il *business* ha un suo modo in cui desidera svilupparsi e, quando ricevi e sei nell'*allowance* di ciò, può avere molto più successo. Io chiedo sempre al mio *business* che cosa vorrebbe fare, dove vuole andare, chi vorrebbe incontrare e chi vuole venga coinvolto. Potresti non avere una risposta cognitiva a queste domande: va bene. Si tratta di fare le domande e permettere all'energia di presentarsi e di guidarti con ciò che segue. Tutto ciò che devi fare, è essere disposto a ricevere e scegliere.

Fate domande al vostro *business* e lui vi darà le informazioni. Se chiedete, il vostro *business*, a dir la verità, creerà e genererà l'energia che attrae i clienti, o i prezzi migliori, o qualsiasi cosa sia richiesta.

Ci sono molte domande differenti che puoi rivolgere al tuo business, progetto o azienda:

- **Con che cosa posso contribuire a te oggi?**
- **Qual è la prossima cosa che vorresti creare?**
- **Che cosa ti piacerebbe fare?**
- **Dove vorresti essere oggi?**
- **Con chi vorresti parlare?**
- **Chi vorresti venisse coinvolto?**

Avere la consapevolezza che il tuo *business* è una entità distinta rende la tua vita di persona d'affari molto più facile e ti permette di divertirti molto di più. È un lavoro molto duro "essere un *business*". Devi lavorare molto più duramente, quando cerchi di trasformare te stesso nel tuo *business*!

Un po' di tempo fa, notai che ero molto più espansiva nel compito che svolgevo come coordinatrice mondiale di Access Consciousness® di quanto io lo fossi nel lavoro che svolgevo in *Good Vibes for You*. Un giorno, quando stavo parlando con Gary, gli chiesi: "Come mai, quando lavoro sulle cose di Access sono capace di avere così tanto spazio e consapevolezza? Riesco a intravvedere il mondo intero, e oltre, e so che cosa fare e chi contattare. Non pare che io riesca altrettanto facilmente con *Good Vibes*."

Gary rispose: "È perché tu possiedi, *Good Vibes*."

Mi resi conto che aveva ragione, allora ridisegnai il mio biglietto da visita di *Good Vibes*: ora c'è scritto "Simone Milasas, Coordinatrice Mondiale" invece di "Simone Milasas, Proprietaria." Ciò mi permette di ricordarmi che non sono *Good Vibes*, non possiedo *Good Vibes*. Io coordino l'impresa mondiale di *Good Vibes for You*. Fare questo mi ha permesso di operare nel mio business da un posto molto più espanso.

Ho raccontato questa cosa a una donna di talento, una musicista e attrice, e lei mi disse: "Questo mi affascina. Amo recitare e suonare, ma lo rifiutavo perché non volevo che queste cose mi definissero. Pensavo: "Se faccio questa cosa, poi, non posso fare niente altro, perché allora questa cosa sono io: è ciò che sono." Io non mi voglio limitare in quel modo. Mi rendo conto ora che posso fare tutte quelle cose, purché io non mi identifichi con esse."

Non importa quale sia la tua attività, essa non è te. Quando definisci te stesso come il tuo *business*, limiti quanto puoi effettivamente essere, fare, avere, creare e generare: escludi la tua consapevolezza e la tua capacità di ricevere le infinite possibilità. Invece, quando guardi al tuo business come ad una entità distinta, vedendoti come il suo facilitatore, hai molta più libertà e spazio. Non diventi la riuscita di questa entità in particolare, il che ti permette di ricevere molte più informazioni su cosa sia possibile.

Dai Al Tuo *Business* Un Compito

Una volta che ti rendi conto che il tuo *business* è un'entità separata, puoi dargli un compito: fagli sapere che il suo compito è provvedere soldi per te. Chiedigli di generarti un flusso di contanti. Esso ti dirà: "Oh! Ti devo far fare dei soldi? Ok!" Io, quando parlo di *Good Vibes*, di *Joy of Business* o di Access Consciousness®, spesso ne parlo come "una delle attività con cui faccio soldi." Così si ricordano che il loro compito è di fare soldi.

Trasforma Le Tue Conclusioni in Domande

Fermati un attimo e guarda tutti i posti in cui hai tratto conclusioni in merito al tuo business. Ogni volta che dici: "Non funziona" o "Non può funzionare" o qualunque altra conclusione, uccidi la consapevolezza. Chiedi, invece, al tuo *business*: "Quale domanda potrei fare?" Ammettiamo che tu abbia una fattoria e hai deciso che non ha successo. Prova a chiedere alla fattoria:

- Che cosa richiedi?
- C'è qualche cosa che ha bisogno di cambiare?
- Possiamo cambiarlo?
- Come lo cambiamo?

Forse stai cercando di coltivare mais, mentre la tua fattoria vorrebbe mele. Di che cosa è consapevole la terra? Ci sarà presto siccità? Dovresti coltivare qualcos'altro? Tutto ha consapevolezza, quindi puoi chiedere informazioni a qualunque cosa. Come sarebbe se tu potessi creare e generare il tuo *business* in questa maniera, anziché dover pianificare tutto?

Quando fai domande al tuo *business*, non puoi avere un punto di vista su come debba essere la risposta. Devi essere disposto a ricevere l'energia che chiunque, compreso il tuo *business*, ti manda. Ricevi ogni punto di vista senza giudizio. Chiedi: "Che cosa mi piacerebbe?" e poi accedi all'energia della tua attività o del tuo progetto, quindi chiedi: "Di che cosa necessiti?" Dopo fai una scelta, e poi puoi fare un'altra scelta, ed un'altra, perché ogni scelta che fai può valere solo dieci secondi. La scelta creerà sempre maggiore consapevolezza.

Ogni cosa ha consapevolezza, incluso il tuo business.

La scelta crea consapevolezza, la consapevolezza non crea scelta.

~ Dr. Dain Heer

Capitolo 9

Obiettivi vs Traguardi

Che Cos'è il Successo Per Te?

Che cos'è il successo per te? Per la maggior parte delle persone, il successo, è un successo economico: si tratta di quanti soldi ci sono sul conto corrente o dei numeri che ci sono sul libro contabile. E se, invece, il successo negli affari avesse a che fare con qualcos'altro? Come sarebbe se non riguardasse solo i profitti? E se ci fosse un obiettivo più grande per il tuo *business* e per te? E se i soldi si presentassero proprio quando stai generando e creando l'energia di ciò che sai essere possibile con il tuo *business?* Beh, sai che c'è? E' proprio così!

Per me, fare affari riguarda il cambiare il mondo. Io sono solo una persona che viene dall'Australia e che desidera fare la differenza nel mondo. Se io avessi deciso che ciò non fosse stato possibile, non starei scrivendo queste parole o non faciliterei i seminari di *Joy of Business*. Se una persona legge questo libro o esce da un seminario, ed è cambiata, seppur minimamente, grazie a qualche cosa che ho detto, allora io ho successo.

E tu? Quando pensi a che cosa sia il successo per te, potresti iniziare a pensare a quali siano i tuoi obiettivi. Prima che tu lo faccia, ti invito a considerare la differenza tra un obiettivo ed un traguardo. Un obiettivo è sempre in movimento. È qualche cosa a cui puoi sempre tendere anche se le cose cambiano. Un traguardo, d'altro canto, è qualche cosa che fissi. Un traguardo è più rigido, più solido, implica aspettative che, molto spesso, conducono a delusione e giudizio; un traguardo è circoscritto, mentre un obiettivo è illimitato.

L'energia di tendere verso un obiettivo è diversa da quella di cercare di raggiungere un traguardo: è più leggera. Un traguardo è più come un cappio, una prigione: se non lo raggiungi, ti giudicherai, e se lo raggiungi, lo potresti intendere come il fine ultimo. A quel punto, che cosa farai? In un caso o nell'altro, ti incastrerai comunque.

Qual è Il Tuo Obiettivo?

Quando chiesi, a un mio amico, quale fosse l'obiettivo che desiderava creare nel suo *business*, mi disse: "Io non ho un obiettivo. Mi piacerebbe semplicemente aprire un vigneto."

Allora gli dissi: "Se fai la domanda, la consapevolezza del tuo obiettivo si presenterà" ed iniziai a fargli domande. Chiesi "Qual è l'impatto che vorresti che il vigneto avesse nel mondo e sulle persone? Per chi è il vino?"

Lui replicò: "Beh, ciò che amo del vino è l'intimità che spesso genera tra le persone."

Risposi: "Grandioso. Ecco uno dei tuoi obiettivi." Poi chiesi: "Quale altra energia ti arriva in relazione al creare l'azienda vinicola?"

Lui disse: "È l'invito affinché le persone possano assaporare il vino in compagnia, divertirsi e partecipare all'eleganza e decadenza della vita. Riguarda avere più di ciò che desideri, o più di ciò che questa realtà ti permetterà. È edonistico ed inoltre c'è l'energia del lavorare e giocare con la terra."

Io dissi: "Fantastico, ti piace l'eleganza, la decadenza e l'intimità nella tua vita tanto quanto nel tuo *business*, e sai che ti piace lavorare e giocare con la terra."

Lui rispose: "Sì, mi piacerebbe essere un custode della Terra."

Fu un buon inizio per porre le basi per generare il suo *business*, perché, come ho già detto, gli obiettivi cambiano in continuazione.

Una facilitatrice di Access Consciousness® di mia conoscenza, desidera creare più presenza e consapevolezza sul pianeta. Quello è il suo obiettivo. Lavora con le persone nelle carceri, anche se non viene pagata per farlo. Lei mi disse: "È leggero, mi appaga, è gioioso ed è divertente. Apporta così tante cose nel mio mondo." Nello scegliere di lavorare tutte le settimane con uomini in prigione, sta espandendo universi verso una maggiore coscienza e consapevolezza.

Quando sai qual è il tuo obiettivo, e riconosci l'energia che ti arriva assieme all'obiettivo stesso, puoi invitare quell'energia nella tua vita. Ogni volta che ti si presenta qualcosa che combacia con quell'energia, sceglila. Non importa se equivale a soldi, a qualcuno che si aggiunge al tuo *business*, a qualcuno che se ne va, oppure ad un cambio completo del prodotto o del servizio. Se rispecchia l'energia del tuo obiettivo, seguila.

Il mio obiettivo è sempre stato di ispirare le persone a vedere il mondo in una maniera differente. Non sapevo a che cosa potesse assomigliare; ciò non di meno, iniziai ad invitare quella energia nella mia vita. Ho iniziato *Good Vibes For You* e poi ho incontrato Gary Douglas, che mi presentò Access Consciousness®.

All'epoca in cui stavo considerando se andare a San Francisco per seguire la mia prima classe di Access Consciousness® con Gary, avevo molti debiti. Non ero certa che fosse la cosa giusta da fare, quindi parlai con mio padre, che all'epoca mi teneva la contabilità. Mio padre disse: "Beh, in tutto ti costerà diecimila dollari. Sono un sacco di soldi, tuttavia penso che devi scoprire se questo è davvero ciò che vuoi fare della tua vita." A modo suo, mi consigliò di seguire l'energia e di non fare la mia scelta in base a quanto sarebbe costato il viaggio, ma piuttosto a cosa mi sarebbe piaciuto assomigliasse la mia vita. Gli sono molto grata per questo.

Me ne sarei potuta uscire con un milione di giustificazioni per non andarci. Avrei potuto dire: "Oh, mi piacerebbe tanto andarci, ma non ho i soldi. Non lo posso fare." E quello avrebbe ucciso le possibilità future, come pure tutto ciò che la mia vita è oggi. Seguii invece quello che rispecchiava l'energia di dove desideravo essere, non importava a che cosa assomigliasse, e questo ha effettivamente generato più consapevolezza sul pianeta, cosa che riporta al mio obiettivo originale. Che cos'altro è possibile?

Quante possibilità future hai escluso? Saresti disposto a screare e distruggere tutto quello che ciò è, per un dioziliardo di volte? Giusto e sbagliato, bene e male, POD e POC, tutti nove, shorts, boys e beyonds.

Qual è il tuo obiettivo? Che cosa vorresti creare, generare ed istituire? Ovunque non sei stato disposto a percepire, sapere, essere e ricevere tutto ciò che rispecchia il tuo obiettivo, lo screerai e distruggerai, per un dioziliardo? Giusto e sbagliato, bene e male, POD e POC, tutti nove, shorts, boys e beyonds.

Usa le Domande per Generare Il Tuo Obiettivo di Guadagno

Puoi anche stabilire obiettivi di guadagno per il tuo *business*. Ho parlato con il gestore di un caseificio che mi ha detto: "Ab-

biamo scelto di avere un certo numero di mucche, che producono una certa quantità di latte, che darà un certo margine di
profitto per noi. Stiamo scegliendo di non aumentare il numero delle mucche che abbiamo, ma vogliamo aumentare i nostri
profitti. Come possiamo farlo?"

Io chiesi: "Quindi hai bisogno di più informazioni?"

Lui disse: "No."

Scherzando gli dissi: "Beh, potresti chiedere "Che cosa
ci vorrebbe perché le nostre mucche fossero magiche e pro-
ducessero quattro volte il latte che producono ora?" Forse
potrebbe anche accadere, ma ciò che suggerisco è che tu
abbia la consapevolezza di come stanno le cose, e guardi
all'aumento dei profitti a partire da quanto latte le mucche
effettivamente producono al momento. Dopo di che chiedi:
"Che cos'altro dobbiamo fare o aggiungere al *business*, per
poter generare il nostro obiettivo di profitto?" Forse devi
fare un seminario di Access Consciousness® o forse devi
prendere più mucche. Se sei disposto ad avere una maggiore
consapevolezza, allora c'è la possibilità che tu possa generare
di più. Forse ti serve prendere in gestione un'altra fattoria.
Non devi necessariamente possederla, potresti dirigerla, e la
tua fornitura di latte potrebbe duplicarsi. Potresti chiedere: "Bene, se possiamo fare questo con una fattoria, quanto
di più potremmo fare con quest'altra?" Oppure potresti domandare: "In quale modo mi sto limitando con la mia man-
dria che ho adesso? Cos'altro è possibile?""

Da quel momento in poi, hanno aumentato il loro livello di
produzione, e di recente hanno iniziato a produrre una deliziosa panna di alta qualità, che è diventata molto conosciuta e sta
vendendo molto bene.

Quando poni un obiettivo, devi guardare qualcosa che è al di fuori e al di là di te. Devi essere disposto ad uscire allo scoperto e fare qualcosa, altrimenti non andrai al di là di dove sei attualmente. Devi andare oltre gli schemi del tempo, dimensioni, realtà e materia. Devi dire: "Oggi sarò differente. E domani sarò ancora diverso."

Non Lasciare Che Il Tuo Obiettivo Diventi Una Decisione

Amo pormi obiettivi, ma sono anche consapevole del modo in cui mi potrebbero limitare. Gli obiettivi possono divenire decisioni che bloccano, o potresti trovarti coinvolto nei risultati. Non appena qualche cosa non sembra leggera e gioiosa come quando avevo scelto di farla inizialmente, capisco che è diventata una decisione.

Quando iniziai a facilitare processi di Access Consciousness® con le persone, ero coinvolta nel risultato. Quando facevo una seduta privata con qualcuno che non sembrava "arrivarci", ne uscivo distrutta. Questo non era certamente la gioia del business! Ora ho cambiato il mio approccio, ora so che la persona con la quale sto lavorando potrebbe portare via con sé anche solo un piccolo strumento, e quel piccolo strumento potrebbe espandere la sua vita in un modo inimmaginabile. Una cosa che ho detto potrebbe essere compresa improvvisamente una settimana dopo. Il cambiamento si manifesta in così tanti modi diversi; non puoi farti coinvolgere dai risultati di ciò che fai, in quanto non sai mai veramente quali saranno.

Per esempio, potresti programmare di tenere un seminario. Hai fatto tutto ciò che puoi perché se ne sparga la voce ed il tuo obiettivo è che si presentino un tot di persone. È fantastico avere un obiettivo, ma poi te ne devi allontanare. E se si presentasse solamente una persona? Non puoi mai sapere che cosa stai per cambiare grazie a quella singola persona. È capitato a me. Anni fa, fui l'unica persona che si presentò per una lezione introduttiva ad Access Consciousness®. Mi sedetti lì ed ascoltai il tizio che stava tenendo la lezione, e pensai: "Questo qua è matto." Ma quando mi svegliai la mattina dopo, sapevo che qualche cosa era molto differente. Lo chiamai e gli chiesi: "Che cosa mi hai fatto? Sono diversa." E quello fu l'inizio di una nuova direzione nella mia vita.

Mettiamo che tu stia per andare a fare una fiera ed il tuo obiettivo è di contattare quanta più gente riesci. Tu calibri il successo dell'esserci andato sulla base della quantità di nomi e recapiti telefonici con i quali tornerai. Ma forse il successo è qualcos'altro. Come sarebbe se tu, in qualche modo, cambiassi la vita della persona che compra il biglietto, semplicemente essendo te stesso?

Immagina Che Cosa Faresti Se Sapessi Che Non Puoi Fallire

A volte le persone si trattengono dal perseguire i loro obiettivi perché hanno timore di fallire. E comunque, che cos'è il fallimento? Avanti, prova a dargli una definizione. Fallisci mai veramente? O si tratta del fatto che generi qualche cosa che non si rivela come ciò che avevi previsto? Ed in quale modo questo costituirebbe "fallire"? Gli obiettivi sono in continuo movimento; cambiano sempre.

Ovunque non sei stato disposto a funzionare dal posto dell' "immagina che cosa potresti fare se sapessi che non puoi fallire," distruggi e discrei per un dioziliardo di volte? Giusto e sbagliato, bene e male, POD and POC, tutti nove, shorts, boys and beyonds.

Capitolo 10

Sii disposto a cambiare

Alberi di Arancia o Alberi di Limone?

Spesso incontro persone che traggono conclusioni in merito a *come sarà* il loro *business* piuttosto che fare domande su come *potrebbe essere*. Lascia che ti faccia un esempio: ipotizziamo che alcune persone abbiano deciso di fondare un'azienda che produca succo d'arancia. Potrebbero dire: "Che cosa ci serve?" "Gli alberi." Bene, comperano un certo numero di alberi di aranci e li piantano. Gli alberi iniziano a svilupparsi e i titolari dell'azienda iniziano a entusiasmarsi all'idea del gustosissimo succo d'arancia che produrranno. Concludono che: "Venderemo il miglior succo d'arancia del paese" e iniziano a porre tutte le basi affinché la loro azienda abbia una grandissimo successo. Gli alberi continuano a crescere e gli operai continuano a prendersene cura: li irrigano e li fertilizzano. Un bel giorno iniziano a germogliare, tutti si emozionarono. "Presto avremo le arance!" Poi arrivarono i frutti. Ma non si trattava di arance, bensì di limoni.

Vivere nelle infinite possibilità significa: "Oh! Limoni! Che cosa è giusto qui che non stiamo vedendo? Quale *business* possiamo creare con i limoni? Potremmo fare limonata o potremmo fare crostate al limone."

La maggior parte della gente non avrebbe questo approccio e direbbe: "Oh, no! Non ha funzionato." ed eliminerebbe gli alberi. Distruggerebbero qualcosa che l'universo ha dato loro, perché il dono non assomiglia a come pensavano dovesse essere. Non deve necessariamente andare così, le attività e le società possono cambiare istantaneamente se sei disposto a cambiarle. In effetti, la tua intera vita può cambiare altrettanto rapidamente, devi solo essere disponibile a che tutto sia possibile.

Domanda, Esigenza, Scelta e Contributo

I quattro elementi per realizzare cambiamenti nel tuo business e nella tua vita sono: domanda, esigenza, scelta e contributo.

Fai una **domanda**, la quale apre la porta ad una possibilità più grande.

Esprimi l'**esigenza** per ciò che desideri e richiedi, il che crea l'energia generativa necessaria per portare qualche cosa sul piano dell'esistenza.

E fai una **scelta**. Scegli con scarti di dieci secondi, sapendo che nessuna delle scelte che fai è definitiva. Scegli qualche cosa e poi ricevi una nuova consapevolezza e scegli di nuovo. Fare una scelta ti dà la consapevolezza di che cosa sia possibile.

Tutto ciò è un **contributo**: contribuisce alle possibilità per te e per il tuo business.

Sei Disposto a Cambiare?

Ci vuole una persona speciale per creare un *business* ed esserne il suo Amministratore Delegato. Spesso, la persona che ha iniziato l'attività e che vuole esserne anche l'amministratore, rimane incastrata nella visione originaria che aveva del *business* e non si rende disponibile a cambiarla. Questo accade perché la maggior parte dei fondatori tendono a creare sin dall'inizio così tanti punti di vista e conclusioni sulla loro attività, da non essere capaci di vedere le possibilità presenti e future. Hanno punti di vista fissi riguardo a come dovrebbe essere il business, e queste loro prospettive hanno come risultato un blocco all'interno del *business*. Perciò, quando le persone arrivano con qualcosa di grandioso da offrire, il fondatore non riesce né a vederlo, né a riconoscerlo: non vuole cambiare nulla, anche quando il cambiamento è proprio ciò che è richiesto, e così finisce per uccidere il proprio business.

Io l'ho quasi fatto, con *Good Vibes for You*. Il mio obiettivo con questa attività era di cambiare il modo in cui le persone vedono il mondo e quando incontrai Gary Douglas e iniziai ad usare gli strumenti di Access Consciousness®, sapevo che ciò che Access offriva rispecchiava completamente l'obiettivo che avevo con *Good Vibes for You*. Poco dopo, volli fare Access Consciousness® a tempo pieno e pensai che il modo per farlo fosse distruggere *Good Vibes for You*.

Gary notò ciò che stavo facendo e mi chiese: "Perché dovresti distruggere *Good Vibes*?"

Gli risposi: "Perché ora mi piacerebbe fare Access Consciousness®" (Vedi la domanda in questo? No. Era una conclusione.)

"Perché non dovresti poter fare entrambe le cose?" - chiese Gary - "Magari *Good Vibes* può cambiare? O forse puoi portare qualcun altro nel *business*?"

Quelle domande cambiarono la mia vita. Prima, avevo il punto di vista che dovevo gestire una società alla volta: ero educata a credere che una società fosse già abbastanza per una persona. Da quel momento in poi ho scoperto che una società sola non mi basta. Dopo la conversazione con Gary, mi resi conto che distruggere la mia attività non era la sola opzione: potevo cambiarla! Assunsi una responsabile aziendale, le diedi il 50% del business e lei iniziò a gestirlo. Ciò mi ha permesso di fare il lavoro che volevo fare in Access Consciousness® e tenere anche Good Vibes for You.

Quante volte hai iniziato a coltivare aranci che sono diventati limoni? Hai insistito a coltivare aranci, ancora, ancora e ancora, (perché tu adori il succo di arancia) e non hai permesso a qualche cosa di diverso di presentarsi?

Abbandona il Tuo Stesso Percorso

Smetti di interferire con ciò che hai deciso *dovrebbe* essere il tuo *business*, società o progetto e fai molte più domande: devi essere disposto che il tuo *business* finisca. Devi essere disposto che ogni singolo progetto sul quale stai lavorando giunga al termine. Tuttavia, non devi distruggere un'attività che richiede qualche cosa di diverso da te! Non è la tua sola opzione: anziché decidere che la tua società o progetto siano finiti, o che non desideri più farli, fai una domanda:

Chi o che cosa può contribuire a questo?

Che cos'altro posso aggiungere al mio business?

Che cos'altro posso aggiungere alla mia vita?

Pianificazioni e Bilanci Aziendali

Quando dico "essere aperti al cambiamento", non sto suggerendo che non dovreste pianificare il vostro lavoro: pianificare va bene, ma devi anche ricordare che quasi nulla si realizza come pensavi: tienilo a mente quando tracci piani di investimento o fai i bilanci preventivi.

Se stai prospettando un bilancio da far mostrare a degli investitori, fallo da "interessante punto di vista". Devi attenerti al bilancio? No. Sii disposto che cambi, ti darà una consapevolezza maggiore.

Ti darà anche qualche cosa da far vedere agli investitori che desideri attrarre. Puoi far vedere loro le cose da altre angolazioni, dove vorresti spendere i soldi e come ti piacerebbe che fosse la cosa.

Quando hai un piano d'affari (*business plan*), c'è la tendenza a pensare che tutto ciò che succede debba incastrarsi all'interno dello schema. Se gli alberi di limone non fanno parte del tuo piano, ti troverai a radere al suolo gli alberi prima di aver preso in considerazione le possibilità. Non sono contraria a stendere dei piani di lavoro; so soltanto che non sono scolpiti nella pietra. Forse il piano può mutare? Assolutamente sì. Potrebbe accadere in un secondo, e devi essere disposto che possa succedere. Crea un piano d'affari per averne consapevolezza, non per trarne conclusioni.

Non puoi mantenere il tuo *business*, devi permettergli di auto-generarsi. È come coltivare un giardino: quando inizi a seminare fai una scelta. Semini qualche cosa e, se non funziona, semini qualcos'altro. Non puoi mai dire: "Questo sarà perfetto" perché un giardino non lo è mai, cresce e cambia in continuazione. Gli permetti di cambiare e lo agevoli, ma non lo *controlli*.

Si tratta di una consapevolezza maggiore che puoi avere e le possibilità di cambiare qualcosa all'istante. Se rimani in "interessante punto di vista" riguardo agli aspetti finanziari, ai piani e alle proiezioni, permetti alla magia di presentarsi.

Se la magia fosse al di là di ciò che hai sempre pensato fosse possibile?

Capitolo 11

Mostrami i soldi

Lo sapevi che ci sono numerosi portali attraverso i quali i soldi possono arrivare a te?

Il *business* è solo uno dei portali attraverso il quale i soldi ti si presentano. Se non hai punti di vista su come possono arrivarti i soldi, permetterai loro di arrivarti sia dal tuo *business*, che da altre direzioni.

Se vedi "fare soldi" come una proposizione lineare, e credi che *il lavoro* siano il portale per i soldi, allora sì: il lavoro è un portale per fare soldi. Ma ci sono anche altri portali per i soldi, come d'altro canto il *business* è un portale per altre cose oltre ai soldi: ad esempio è un portale per il cambiamento. Non appena raggiungi una conclusione circa la fonte da cui arrivano i soldi, impedisci a te stesso di ricevere da tutte le altri parti. Ogni qualvolta sei disposto a contribuire e a ricevere il contributo in ogni cosa - nelle relazioni, nel sesso, negli affari, nel denaro, in ogni area della tua vita - la tua disponibilità a ricevere apre le porte a ciò che è possibile.

Un mio amico mi ha riferito recentemente, che suo figlio gli ha detto: "Papà, voglio girare l'Australia con te"

Il padre gli ha risposto: "Beh, come sarebbe se viaggiassimo invece in giro per il mondo?"

E il ragazzo: "Si! Sarebbe fantastico!"

Allora il padre: "Ho solo bisogno di fare un po' di soldi, così possiamo farlo."

E il figlio: "Non preoccuparti per i soldi, papà. La gente li fa cadere continuamente: io li raccoglierò e te li darò!"

Come sarebbe se tu assumessi il punto di vista di un ragazzino? I soldi sono ovunque, la gente ne perde in continuazione. Come sarebbe se i soldi fossero come l'ossigeno? Tu respiri ogni giorno; come sarebbe se potessi ricevere soldi proprio così, e non cadessi nel punto di vista lineare di come ti dovrebbero arrivare?

Quando incontrai Gary Douglas, avevo un debito di 187 000 dollari. Avevo un'attività con un sacco di merce in magazzino, ma sembrava non avessi molto altro da mostrare, tranne il fatto che mi stavo divertendo moltissimo. Frequentai un seminario sul *business* che Gary teneva a San Francisco, dove ci diede dei semplici strumenti sui soldi. Ne fui ispirata e chiesi: "Che cosa succederebbe se mettessi in pratica questi strumenti?"

Iniziai ad usare alcuni degli strumenti che ci insegnò e, nel giro di tre o quattro settimane, almeno metà del mio debito se n'era andato. Avevo dei punti di vista pazzi sui soldi e, quando iniziai ad usare gli strumenti di Access Consciousness® per cambiarli, i soldi hanno iniziato ad arrivare da differenti posti. Un po' di soldi mi arrivarono attraverso il mio *business*, alcuni arrivarono in regalo e altri arrivarono in modo casuale da svariate provenienze. Il risultato fu che i soldi stavano arrivando improvvisamente nella mia vita.

Uno degli assurdi punti di vista che ho cambiato grazie all'utilizzo degli strumenti di Access, aveva a che fare con mio padre, che io adoravo assolutamente. Una volta lui mi disse: "Non lascerò questo pianeta fintanto che non saprò che tutti i miei figli sono a posto economicamente." Mio fratello e mia sorella andavano bene, ma, come ho detto, io avevo un sacco di debiti. Un giorno, mentre usavo uno strumento di Access, mi resi improvvisamente conto: "Oh, merda! Sto creando me stessa come un disastro cosicché mio padre possa rimanere in vita!" Gli parlai di questo, e successivamente tutto il mio universo finanziario iniziò a cambiare. Cambiai il mio folle punto di vista e infinite possibilità iniziarono a presentarsi.

Generare Soldi: Divertimento, Divertimento, Divertimento

Non tutti vedono il generare soldi come divertimento. Certe persone sentono che non possono generare soldi, si preoccupano della provenienza dei soldi di cui hanno bisogno, oppure rimangono attaccati a ciò che hanno. Per loro, perdere soldi equivale ad aver fallito. Il loro atteggiamento è: "Non posso perdere questo, perché ci vorrebbe l'eternità per generarlo di nuovo, quindi non posso e non devo fallire." Sono così impegnati a tenersi ciò che hanno, che non possono ricevere niente altro.

Poi ci sono altre persone che stanno sempre cercando di capire come ottenere soldi. Dicono: "Faccio questo, questo e quest'altro. Quanto mi paghi?" Le persone che cercano di immaginare come faranno i soldi, sono quelle che sembra non ci riescano mai, mentre quelle che li generano dalla gioia sono quelli a cui arrivano i soldi.

Ovunque hai cercato soldi per creare la felicità, piuttosto che essere semplicemente gioioso e lasciare che i soldi arrivino, verità, distruggi e screi, per un dioziliardo di volte?

Giusto e sbagliato, bene e male, POD e POC, tutti nove, shorts, boys e beyonds.

I soldi seguono la gioia.

La gioia non segue i soldi.

Sei Disposto ad Essere Visto Come Ricco e di Successo?

Di recente, ho fatto l'esperienza di avere mia nipote di sei anni che mi guardava come si guarda una persona ricca. Desiderava ardentemente un iPod, così gliene ho comprato uno. Stava seduta sul pavimento a giocarci ed improvvisamente ha esclamato con un sospiro: "Zia Simone, sono contenta che tu sia ricca" e fece un elenco di tutte le cose che le avevo comperato. Ero felice che lei lo apprezzasse così tanto. Per lei, essere ricca, è una cosa molto buona. Lo è per te? Come reagisci quando qualcuno pensa che hai molto denaro? Il mio atteggiamento è: "Fantastico, ricevo il giudizio di avere molti soldi." Più la gente giudica che hai soldi, più soldi arriveranno nella tua vita.

Hai notato il modo in cui le persone ti giudicano o proiettano cose su di te sulla base della macchina che guidi, gli abiti che indossi, ed i gioielli che metti o non metti? Agli inizi di *Good Vibes for You*, guidavo una vecchio furgone Toyota. Ero consapevole che la gente giudicava che io stessi andando mediocremente con gli affari e che non ero particolarmente di successo. Pensavano che stessi navigando placidamente attraverso la vita e che non avevo i mezzi per creare più successo - ed in parte era vero. Poi acquistammo un furgone migliore, con dei bellissimi disegni dipinti a mano, con il nostro logo e delle frasi che ispiravano. Era interessante vedere come mi giudicassero diversamente. I ragazzini mi salutavano quando passavo e, nel traffico, la gente mi faceva passare avanti. In fin dei conti si trattava del camioncino della *Good Vibes for You*.

Facevo Access da un po' di tempo e, un giorno, comperai una BMW decappottabile. La mia famiglia non si era molto preoccupata di capire che cosa fosse Access Consciousness® e non mi fecero mai domande in merito, fino a quando non mi presentai ad un evento il giorno di Natale, con la mia nuova macchina. Quel giorno, praticamente tutti i componenti della mia famiglia chiesero: "Dunque, di che cosa tratta Access Consciousness® nello specifico? Che cos'è che fai?" Con la mia BMW decappottabile, avevo creato il giudizio del "successo" e la gente voleva scoprire che cosa stessi facendo.

"Oh! Devi [Per Forza] Essere Ricco!"

Una donna d'affari di origine coreana che vive a Seoul, mi ha detto che vive con suo marito in una zona molto benestante e, quando i coreani le chiedono dove abita, lei non vuole dirglielo. Non li vuole sentir dire: "Oh! Devi essere ricca!", e allora racconta che abitano in un'altra zona della città. Le ho suggerito di giocarci. Le ho detto: "Vai avanti e dì alle persone dove abiti, e quando loro ti dicono: "Oh, devi essere ricca!", sorridi e dici: "Si, mi piace vivere lì, abbiamo un sacco di spazio." E poi stai a vedere che cosa succede."

Una mia amica di Eumundi, un piccolo villaggio nel Queensland (Australia), fa un ottimo lavoro nel giocare con i giudizi riguardo all'essere ricco e guadagnare tanti soldi. Mi ha detto che, ogni due o tre giorni, porta i soldi della sua attività in banca. Una donna che ci lavora presume che lei depositi il guadagno di un giorno e le dice cose del tipo: "Wow! È stata una buona giornata oggi, vero?" La mia amica sorride e dice: "Oh, si!" e riceve il giudizio dell'aver fatto molti soldi.

Contrapponi questa idea, rispetto al punto di vista secondo cui dovresti avere pochi soldi come tutti gli altri. Hai mai sentito una conversazione tra due persone, del tipo: "Wow, il tuo ufficio è così grande e bello" - dice una - e l'altra risponde: "Oh! Dovresti vedere quanto mi costa d'affitto. Per non parlare dell'assicurazione che è alle stelle! Ma devo avere un bel posto per accogliere i miei clienti." Come sarebbe se replicasse semplicemente: "Si, amo lavorare qui. È fantastico, vero? Che cos'altro è possibile?"

Conosci persone che amano essere terribilmente povere? Sento in continuazione persone che parlano di quanto siano povere, e quelli che stanno loro accanto cercano di superarli dicendo che loro sono messi anche peggio. Non senti mai qualcuno che dice: "Ho un sacco di soldi! Sto benone! Mi sono appena fatto una vacanza fantastica." Nessuno parla in quel modo: le persone si sintonizzano invece su ciò che tutti gli altri sono o fanno. È arrivato il momento di cambiare questa cosa? Sei disposto ad essere diverso? Sei disposto ad avere un sacco di soldi?

Sei disposto a ricevere il giudizio che hai un sacco di soldi? Ovunque non sei stato disposto a ricevere il giudizio di quanto sei ricco o quanti soldi hai, verità, distruggi e screi, per un dioziliardo di volte? Giusto e sbagliato, bene e male, POD e POC, tutti nove, shorts, boys e beyonds.

Le persone ti giudicheranno comunque, allora perché non creare il giudizio che sei ricco e di successo?

I Soldi Non C'entrano

Quando iniziai con *Good Vibes for You*, dicevo: "Il *business* non ha nulla a che fare con guadagnare soldi, riguarda la gioia del *business.*" Era vero fino ad un certo punto, poi, un giorno, guardai la cosa più a fondo e notai l'energia che avevo creato dicendo: "Non riguarda i soldi." Mi resi conto che ero intrappolata in una decisione circa il "fare soldi" e vidi che se avessi continuato in quel modo, non avrei ricevuto denaro.

Ebbi la consapevolezza che mi ero nascosta con affermazioni come: "i soldi non c'entrano." Era un modo in cui mi tenevo "al sicuro." Non volevo essere il pesce più grosso (nell'originale "Tall Poppy" n.d.r.). Quando ne divenni consapevole chiesi: "E come sarebbe se il mio business avesse anche a che fare con il fare soldi?" ed iniziai a chiedere: "Che cosa ci vorrebbe perché io facessi tonnellate di soldi e avessi la gioia del *business?*"

In quei primi giorni con *Good Vibes for You*, la mia difficoltà nel ricevere si manifestò mentre stavo vendendo magliette. Non appena qualcuno diceva: "Adoro le tue magliette" era finita. Quello era il mio obiettivo. La persona mi chiedeva se ne poteva acquistare una ed io rispondevo: "Sicuro, vuoi lo sconto? Te ne do due al prezzo di una!" Volevo dargliele perché "il *business* non aveva a che fare con i soldi, aveva a che fare con l'aspetto creativo della cosa." Dopo aver lavorato sulla mia capacità di ricevere ed aumentato la mia consapevolezza, arrivai al punto in cui potevo affermare: "Oh! Ora posso ricevere soldi!" - "Vuoi una maglietta? Fanno 35 dollari."

Osserva l'obiettivo che hai per il tuo business o il tuo progetto, non importa quale sia, e chiedi:

+ **Come sarebbe se fossi disposto a ricevere anche soldi?**
+ **Come sarebbe se chiedessi ai soldi di arrivare, mantenendo comunque il mio obiettivo in piedi?**

Puoi anche iniziare ad aumentare la tua capacità di ricevere più denaro facendo domande come:

+ **Che cosa ci vorrebbe perché i soldi arrivassero?**

Ovunque non ho invitato i soldi oggi distruggo e screo per un dioziliardo. Giusto e sbagliato, bene e male, POD POC, tutti nove, shorts, boys and beyonds.

Quale Esigenza Desideri Esprimere?

In Australia ho una magnifica commercialista. Un giorno mi chiese quale fosse la mia esigenza in merito alla quantità di soldi che desideravo ricevere per me stessa con Good Vibes for You. La guardai e dissi: "Non posso esigere questo, perché abbiamo tutte queste fatture da pagare."

Lei disse: "*Good Vibes for You* ammortizza molto bene le fatture e sono anche disposta a scommetterci che non mi sbaglio" E poi chiese nuovamente: "Quale cifra vorresti richiedere personalmente a *Good Vibes for You?*"

Iniziai ad infastidirmi e cominciai a precisare: "Abbiamo fatture. Abbiamo debiti. Abbiamo investitori. Ci sono persone che vanno pagate per prime."

Lei mi guardò e disse di nuovo: "Quale esigenza sei disposta a porre sul tuo business?"

Improvvisamente capii. Dissi: "Maledizione! Hai ragione," e le comunicai la cifra mensile che avrei voluto ricevere dalla società. Se non sei disposto a porre un'esigenza di ciò che vorresti dalla tua attività, troverai che essa non farà che attirare spese. Riguarda il dare valore a te stesso per il contributo che sei al tuo business.

Ecco un esercizio che puoi fare. Esercitati a dire quanto segue:
* *Posso avere i soldi ora, per favore?*

Ripetilo dieci volte, e poi ancora...e ancora!
* *Posso avere i soldi ora, per favore?*
* *Posso avere i soldi ora, per favore?*
* *Posso avere i soldi ora, per favore?*
* *Posso avere i soldi ora, per favore?*
* *Posso avere i soldi ora, per favore?*
* *Posso avere i soldi ora, per favore?*
* *Posso avere i soldi ora, per favore?*
* *Posso avere i soldi ora, per favore?*
* *Posso avere i soldi ora, per favore?*
* *Posso avere i soldi ora, per favore?*

E mentre continui a rivolgere questa richiesta, nota se le cose iniziano a sembrare più leggere per te e se inizi effettivamente a ricevere più soldi, più business e più gioia.

Quanto Chiedi Per I Tuoi Prodotti o Per Il Tuo Servizio?

Tempo fa, quando facevo importazione di pietre semi-preziose dall'India, vendevo quarzi rosa, che venivano chiamate "pietre dell'amore" ed erano molto ricercati. Io mi rivolgevo direttamente alla fonte, evitando l'intermediazione, ed il margine di profitto sulle pietre era incredibile. Li comperavo per 15 dollari e li rivendevo per 130. Spesso facevo incastonare le pietre in argento direttamente in Rajasthan, dove lavoravano a mano con maestria, e questo mi consentiva di incrementare ulteriormente il prezzo.

A un certo punto feci un'interessante scoperta. Decisi di sbarazzarmi dei gioielli che avevo in magazzino e ridussi drasticamente i prezzi: visto che avevo pagato molto poco i gioielli alla fonte, me lo potevo permettere. Se avevo un anello che avevo comperato per 15 dollari, lo etichettavo scontato a 25 dollari. Pensai si sarebbero venduti più velocemente così, ma scoprii una cosa che non mi aspettavo: nessuno li voleva comperare. La gente sembrava presumere: "Oh, è solo un articolo di gioielleria scadente." Tuttavia, se ci mettevo un'etichetta con su scritto: "prezzo originale: $130, scontato: $80" allora la gente lo comperava.

Pensavano: "Wow, è un gran prezzo per un anello così fico!" Imparai che potevo influenzare il modo in cui la gente pensava ai miei articoli attraverso il prezzo che gli davo: con un prezzo più basso la gente traeva la conclusione che comperava qualche cosa di dozzinale e difettoso, invece, con un prezzo più alto, pensava di aver fatto un grande affare.

La cifra che chiedi influenza il modo in cui la gente percepisce il tuo prodotto o servizio. Che cosa significa questo per te? Significa che tu dovresti determinare la cifra che senti agevole chiedere per il tuo prodotto o servizio..... e poi chiedere di più! I tuoi acquirenti e clienti saranno anche più grati, per te e per i tuoi prodotti.

Quanti Soldi Sei Disposto a Ricevere?

Di recente ho fatto un trattamento viso da un'amica estetista. Una volta finito le chiesi quanto le dovessi. Chinò la testa, rimestò qualche foglio e bofonchiò: "95 dollari."

Le chiesi: "Che cos'è questa cosa?"

Lei disse: "Cos'è cosa?"

Io insistetti: "L'energia attaccata a questi 95 dollari."

"Oh!" rispose: "Odio chiedere soldi agli amici."

Le chiesi nuovamente: "Quanto ti devo?"

E di nuovo abbassò la testa e disse: "95 dollari."

Io chiesi: "Quanto?"

Alla fine mi guardo dritta negli occhi e disse chiaramente: "95 dollari."

Gliene diedi 120.

Devi essere disposto a chiedere soldi alla gente! Quanto sei disposto a ricevere all'ora per i tuoi servizi? 50, 100, 1 000, 10 000, 20 000 dollari? Se lavori con le persone su base oraria e fai una tariffa oraria, chiedi:

+ *Con quale cifra mi sento a mio agio?*

Se ti senti a tuo agio nel chiedere 80 dollari per ogni ora, allora chiedine 100. Prendi la cifra con cui ti senti bene e maggiorala. Pensa che sia una gratifica che dai a te stesso e a ciò che sei. Non c'entra quanto vali: vali molto di più di qualunque cifra tu possa chiedere. Sono solo soldi: divertiti!

Scommetto che l'idea di farlo ti mette a disagio, allora lo ripeto ancora una volta. Quando fissi il prezzo di una cosa, sii consapevole di trovarti o meno nella tua zona di conforto. La cifra che stai chiedendo ti mette a disagio? Rispecchia l'energia dello spazio dal quale funzioni Quale cifra dovresti chiedere all'ora, perché sia divertente? Quale sarebbe la gioia del business?

Troppi soldi? Troppo pochi?

Un po' di tempo fa, una donna mi disse che non usciva più con alcune persone perché, negli ultimi tempi, guadagnavano troppi soldi.

Ne rimasi scioccata. Chiesi: "Per quale motivo non dovresti più uscire con qualcuno solo perché ha troppi soldi?" Sarebbe questo il limite dei soldi che sei disposta a ricevere nel tuo business e nella tua vita? Si!

Hai deciso che non puoi avere gente che guadagna troppo, o troppo poco, nella tua realtà o nel tuo universo? Quale delle due ti mette più a disagio, *troppo pochi* o *troppi*? Sono entrambi un giudizio. Lasciare che tu ti sintonizzi in questo modo, non è permettere al tuo universo di espandersi e ricevere un contributo.

Ti Stai Bloccando?

A volte le persone mi dicono di avere un'idea grandiosa per un'impresa, ma che non la possono avviare perché non hanno i soldi; oppure scelgono di non iniziare un'attività che richiede fondi perché credono di dover raccogliere tutta la cifra prima di cominciare. Lasciano che il pensiero "non ci sono i soldi" li fermi. È una cosa che fai anche tu? Come sarebbe se tu fossi disposto a partire dall'idea che i soldi arriveranno quando ti servono? Come sarebbe se non ti lasciassi frenare all'idea che "non ci sono soldi"? Invece di dire: "Oh, non posso farlo perché non ho i soldi", come sarebbe se chiedessi: "Che cosa ci vorrebbe per generare ciò che desidero e richiedo?"

Vuoi Davvero L'Aragosta?

Se c'è qualche cosa che davvero desideri, allora conceditela. Se pensi di voler avere una relazione con qualcuno, allora abbi una relazione con lei o con lui. Se vuoi aragosta per cena, allora ordina l'aragosta. Sii consapevole che non appena guardi il menù in un ristorante di lusso e pensi: "Mi piacerebbe l'aragosta, ma non me la posso permettere, quindi prenderò soltanto un'insalata di pollo," hai detto no al ricevere. Hai appena dis-invitato i soldi nella tua vita. Dis-inviti i soldi nella tua vita? Se è così, ecco il processo che puoi far scorrere alla fine di ogni tua giornata:

Distruggo e screo tutti i posti in cui ho dis-invitato soldi nella mia vita, oggi. Giusto e sbagliato, bene e male, POD e POC, tutti nove, shorts, boys e beyonds.

In Quanto Essere Infinito, Hai Bisogno Di Soldi?

A volte le persone dicono cose del tipo: "Fare soldi non è poi così importante per me." Io rispondo: "Giustissimo. In verità, se i soldi fossero importanti per te ne avresti a palate." Poi chiesi: "Ti servono soldi per te o per il tuo corpo?" Tu, in quanto essere, non necessiti di soldi. Tuttavia, ti servono soldi per il tuo corpo, per gli abiti che indossi, per il letto in cui riposi e per il posto di prima classe sull'aereo quando viaggi! Hai continuato ad ignorare ciò che piacerebbe al tuo corpo? Come sarebbe se fosse arrivato il momento di essere gentile con il tuo corpo? Come sarebbe se tu includessi il tuo corpo nel computo della tua attività?

Quanto denaro vorrebbe generare e creare il tuo corpo?

Leggendo queste ultime due domande, hai notato dell'eccitazione nel tuo corpo? Forse desideri provare questo processo:

Quale energia, spazio e consapevolezza possiamo essere, il mio corpo ed io, che ci permetterebbe di avere i nostri soldi? Tutto ciò che non permette a questo di mostrarsi, distruggo e screo per un dioziliardo di volte. Giusto e sbagliato, bene e male, Pod e Poc, tutti nove, shorts, boys e beyonds.

Ho potuto notare un cambiamento davvero interessante dopo aver fatto scorrere questo processo la prima volta. Non sono la persona più ordinata al mondo: quando viaggio, appena entro nella camera d'albergo, la mia valigia esplode e le cose si sparpagliano ovunque. Tutto questo cambiò non appena iniziai a farmi scorrere questo processo, mentre stavamo tenendo un seminario di Access Consciousness® in Italia. Anziché sparpagliare tutta la mia roba in giro per la stanza, misi tutto al suo posto. Tutto era sistemato: il bagno era in ordine, i miei vestiti erano nell'armadio, i miei documenti erano sulla scrivania. Resi tutto l'ambiente esteticamente gradevole, non ero mai stata disposta a farlo prima. Incominciò quando cominciai a chiedere a me stessa e al mio corpo di avere i nostri soldi. Non avevo inserito il mio corpo nell'equazione generale prima di allora. Ora ne fa parte.

Dilata te stesso attraverso l'universo intero. Espanditi fino a raggiungere i posti in cui non sei stato disposto ad andare, accedi a tutti i soldi e a tutte le possibilità imprenditoriali che sono disponibili. Continua ad espanderti, al di là del tempo, delle dimensioni, della realtà e della materia. Espanditi al di là dell'immaginazione, poiché la tua immaginazione è limitata: sa solamente ciò che hai già fatto. Espanditi al di là della tua mente logica, attingi a tutto, a tutti i posti in cui non sei stato disposto ad andare per accedere a tutti i soldi che sono disponibili. Tutto ciò che ti impedisce di accedere a questo, distruggerai e screerai per un diozialiardo di volte? Giusto e sbagliato, bene e male, POD e POC, tutti nove, shorts, boys e beyonds.

Capitolo 12

Invitare più denaro nella tua vita

Ti piacerebbe avere più soldi nella tua vita? Ecco una serie di strumenti che puoi usare per invitare più soldi nel tuo *business* e nella tua vita.

+ **Che Cos'Altro È Possibile?**
+ **Come Può Essere Ancora Meglio di Così?**

Ho già accennato a come si possano usare queste domande, tuttavia sono così importanti, e si applicano così bene al ricevere e avere soldi, che le voglio aggiungere anche qui.

Ogni volta che ricevi soldi, chiedi:

+ **Che cos'altro è possibile?**
+ **Come può essere ancora meglio di così?**

Ogni volta che paghi una fattura, chiedi:

+ **Che cos'altro è possibile?**
+ **Come può essere meglio di così?**

Quando paghi la bolletta dell'energia elettrica, sii grato. Hai la luce elettrica, puoi ricaricare il tuo computer e puoi rispondere al telefono. Sii grato per ciò che hai perché, se non lo sei, allora sei incapace di ricevere altro. Per esempio: hai appena guadagnato 20 dollari. Potresti dire: "Non è nulla. Ne avrei dovuti guadagnare 120." Non guardare ciò che *non* hai guadagnato, guarda, piuttosto, ciò che *hai* guadagnato, sii grato e poi fai una domanda. Non dire: "Oh, non è mica abbastanza!", piuttosto dì: "Wow, come sono diventato così fortunato ad avere questi 20 dollari? Che cos'altro è possibile?"

+ **Che Cosa ci Vorrebbe perché Questa Cifra di Soldi mi Tornasse Moltiplicata per Dieci?**

Quando paghi una bolletta o una fattura, dovresti chiedere:
+ **Che cosa ci vorrebbe perché questa cifra di soldi mi tornasse moltiplicata per dieci?**

Che Cosa Amo del Non Avere Soldi?

Spesso incontro persone che si lamentano di non avere soldi. Per quanto ci provino, non ne hanno mai a sufficienza. In effetti, creano la loro vita in base al "non avere soldi" piuttosto che su ciò che dà loro gioia o ciò che rispecchia l'energia della vita che intendono avere. È qualche cosa che hai fatto? Hai usato il "non avere soldi" per creare la tua vita ed il modo in cui vivi? Se scopri di "non avere soldi", dipende dal fatto che hai deciso che c'è qualcosa che ha più valore nel non averli, che nell'averli? Ti piacerebbe cambiare questa cosa? Chiedi:
+ **Che cosa Amo del Non Avere Soldi?**

All'inizio potresti essere infastidito dalla domanda e potresti chiederti: "Quale valore dovrebbe avere questa domanda?" oppure potresti esasperarti e dire: "Non ne ho idea!" Tuttavia, se continui a creare qualche cosa che non funziona, è facile che tu lo stia facendo perché c'è qualcosa che ti piace in questo. Se sei disposto a ricevere la consapevolezza del valore che questo ha per te, puoi cambiare tutto. Potresti sorprenderti a scoprire che non avere denaro effettivamente ti funziona in un qualche strano ed indesiderabile modo. Potresti acquisire una prospettiva totalmente diversa sulla tua situazione finanziaria.

Qual è il Valore di Non Avere Successo negli Affari?

Come ho già detto precedentemente, sono i punti di vista malsani che ti limitano. Se il tuo business non ha "successo" puoi fare una domanda per cambiarne l'energia. Prova a chiedere questo:

+ Qual è il valore di non avere successo negli affari?

> *Se sei disposto a ricevere la consapevolezza,*
> *puoi cambiare qualunque cosa.*

Se i Soldi Non Fossero il Problema, Che Cosa Sceglieresti?

Non lasciare che *soldi* o *niente soldi* controllino la tua vita. Come sarebbe se tu creassi la tua realtà sulla base di ciò che rispecchia l'energia di come vorresti che fosse?

Quando iniziai con i seminari di Access Consciousness®, mi dissero degli eventi da sette giorni che si tengono in Costa Rica. Volevo davvero parteciparvi, ma la Costa Rica è praticamente dall'altra parte del mondo rispetto all'Australia: *decisi* che la Costa Rica fosse un paese esotico che non era facile da raggiungere per noi australiani. Non nutrivo speranze di poterci lontanamente andare, sembrava costare troppo ed era una scelta da fare così differente dal solito. (Noti la quantità enorme di domande che stavo facendo? Nessuna!)

Un giorno stavo guardando alcune fotografie fatte da un amico durante l'ultimo di questi eventi dei sette giorni. Notò che ero un tantino triste. Mi chiese: "Che cosa c'è?"

Dissi: "Beh, mentre guardo queste foto, ed in particolare ce n'è una che sembra così fantastica, penso che non riuscirò mai ad andarci. Non me lo potrò mai permettere."

Il mio amico mi domandò: "Qual è la foto che ti sembra così magnifica?"

Io risposi: "Questa."

Lui rise e mi disse che stavo guardando una foto fatta al Darling Harbour di Sydney, in Australia. Era stata inserita per sbaglio tra quelle della Costa Rica.

Io dissi: "Oh! Da Brisbane a Sydney è facile, ci posso andare!"

Mentre lo dicevo, vidi che avevo permesso alle mie decisioni e considerazioni riguardo ai non soldi, di controllare la mia vita. La follia di prendere una decisione del genere mi fu evidente. Pensai: "Come sarebbe se io facessi semplicemente una scelta, esprimessi l'esigenza e i soldi arrivassero?" Ed è proprio così che funziona: se segui l'energia di ciò che desideri creare e generare, e sei disposto a ricevere tutto, i soldi arriveranno. Chiedi:

+ *Se i soldi non fossero un problema che cosa sceglierei?*

Il Dieci Per Cento è Per TE

Il principale strumento di Access Consciousness® sui soldi di cui le persone si lamentano spesso, e quello che ha cambiato più cose per me, è mettere via il 10% dei tuoi guadagni. Non si tratta di risparmiare il 10% per i giorni tristi, o finché hai una bolletta grossa o una buona ragione per spenderli. Significa mettere via il 10% dei tuoi guadagni, e non spenderli, come segno di onore verso te stesso. Lo fai prima di pagare una qualunque bolletta, fare dei pagamenti posticipati o fare le spese.

Quando metti via questa somma per te stesso, stai dicendo all'universo che tu hai valore. L'universo è un banchetto: desidera offrirti le cose. Tu stai mandando il segnale che hai soldi, che ti piacciono i soldi e che sei disposto ad averne ancora. Tuttavia, se inizi a spendere questo denaro, stai dicendo all'universo che non ne hai a sufficienza e, di conseguenza, stai intaccando il fondo che avevi messo via per onorare te. Stai indicando che c'è mancanza e che non puoi fare soldi. E questo è ciò che l'universo ti darà: di meno.

Ho sentito Gary e Dain che spiegavano questo strumento e ho pensato: "già, già, quella cosa del dieci per cento. Di nuovo. Bla, bla, bla. Mettere quei soldi in più nel tuo portafogli ti farebbe sentire come un riccone...si, si. Bla, bla, bla." Così non misi via il 10% di ciò che guadagnavo.

Poi, un giorno, mi chiesi: "Quale sarebbe la cosa peggiore che potrebbe capitarmi se lo facessi? Dovrei spendere i soldi che ho messo da parte. Ok, tanto vale che ci provi."

Così lo feci e adesso adoro farlo! Alcune persone tengono il loro 10% in contanti. A me piace tenerlo in un conto corrente bancario a sé stante. Amo versare i soldi in questo conto e vederli aumentare. Ho anche comperato oro, argento e delle azioni, per me stessa, perché è divertente averli.

Una volta che hai una certa quantità di soldi in questo particolare conto, noterai un cambiamento nel modo in cui ti relazioni ai soldi e di quanto, la preoccupazione della carenza di denaro, abbia meno effetto su di te. La cifra varia a seconda della persona: per qualcuno può corrispondere alla cifra che serve per coprire tre mesi di spese generali. Diciamo che ogni mese entrino 4.000 dollari. Una volta che hai 12.000 dollari nel tuo 10%, inizi ad avere una sensazione di tranquillità nel tuo universo. Da qualche parte sai che andrà tutto bene, fai pace con i soldi. Questo è parte di ciò che il tuo 10% è preposto a fare: ti conduce verso quello spazio, del sapere che effettivamente hai denaro.

Saresti disposto a fare pace con il denaro? Metti da parte il 10% delle tue entrate per onorare te stesso e per informare l'universo che hai soldi, che ti piacciono e che desideri averne ancora. Non spenderli. Piuttosto, vedi come aumentano e goditi tutti i soldi che hai!

E il 10% per La Tua Impresa

Dovresti anche mettere da parte il 10% di ciò che arriva dalla tua impresa. Non è per te: è per il tuo *business*. Noi mettiamo da parte il 10% di tutto ciò che entra in *Good Vibes for You*, facendo così onoriamo l'impresa stessa.

Potresti uscirtene con mille scuse per cui questa cosa non può funzionare per te, ma io sono qui per dirti che funziona. La tua impresa ha un compito da svolgere: onora la tua impresa e dimostrale che ha un valore, mettendo da parte il 10% di tutto ciò che entra. Fallo prima di pagare qualunque fattura. Quando lo fai, sia tu che il tuo *business* iniziate a fare delle scelte basate su ciò che sarà espansivo piuttosto che "Come faremo a pagare questa fattura?" Cambia le dinamiche del *business* e il tuo flusso di denaro: provaci e vedi cosa cambia per te.

Capitolo 13

Gestire le finanze

Alcuni Strumenti Pratici

Anni fa mio padre, che era un ragioniere commercialista, mi stava parlando riguardo all'amministrazione e come tenere i libri contabili per la mia attività, ed io pestavo i piedi per terra insistendo: "Non ne voglio sapere! È noioso. Ho altre cose da fare."

Allora lui disegnò un diagramma con un grande cerchio che conteneva gli elementi che sono necessari per gestire con successo un'attività. La fetta dedicata all'amministrazione dei conti era piuttosto ampia. Al che gli dissi: "Io non voglio fare tutta quella roba dei conteggi. Ecco come disegnerei io questo diagramma." E feci un disegno che aveva a che fare con l'aspetto generativo e creativo del *business*, con solo un angolino relegato ai conti.

Lui guardò il mio grafico e disse: "Già, ma se non ti occupi dell'amministrazione, la tua attività non esisterà."

Mi resi conto che aveva ragione. Non puoi agire con consapevolezza all'interno del tuo *business* se non comprendi il conto profitti e perdite del tuo bilancio, o se non sai quanti soldi hai in banca.

Ti servono delle informazioni pratiche basilari su come funzionano le cose sotto l'aspetto finanziario. Sei anche tu, (come ero io), una di quelle persone che non vogliono avere a che fare con gli aspetti pratici dell'amministrazione? Pensi che sia noioso? Hai desunto che siano cose troppo difficili da imparare? O senti che non te ne potrebbe importare di meno?

Se così fosse, sei disposto a prendere in considerazione un altro punto di vista? Gli aspetti pratici possono effettivamente essere divertenti e creativi, soprattutto se usi le domande ed ottieni le informazioni che richiedi. Qui troverai alcune "domande tipo" e degli strumenti, che puoi usare quando hai a che fare con questioni finanziarie, o quando stai prendendo in considerazione di espandere la tua attività, fare investimenti o implementare nuove idee.

Agire con la Consapevolezza delle Finanze

Non è necessario che tu sia bravo in tutti gli aspetti della tua attività. Non devi fare tutto da solo; tuttavia, devi sapere a quanto ammontano le vendite e quali sono le spese da affrontare. Devi sapere qual è il margine di profitto per ognuno dei tuoi prodotti e quanti sono gli articoli che devi vendere tutti i giorni, tutte le settimane e tutti i mesi, così da coprire tutte le tue spese. Questo significa "andare in pareggio". Non devi necessariamente calcolare tutte queste cose da solo, devi solo esserne consapevole. Se non le conosci, finirai per distruggere il tuo *business*.

Quali Sono Le Spese Mensili della Tua Attività?

Ecco un semplice esercizio che puoi fare per ottenere consapevolezza su ciò che è richiesto per muoverti all'interno del tuo business ogni mese:

1. **Siediti e scrivi tutte le spese che hai sostenuto negli ultimi sei mesi (o nell'ultimo anno). Questo include**

l'affitto, la cancelleria, le spese per Internet, il telefono, l'elettricità, l'automobile—tutti i soldi che hai speso per provvedere alla tua attività. Oppure chiedi al tuo commercialista l'elenco delle entrate e delle uscite. Questo ti dirà quanto devi guadagnare ogni mese.

2. Dividi quel numero per sei (o per dodici). Questo ti darà un'idea di quali siano le tue spese mensili.

3. Una volta che hai definito le tue spese, aggiungi il 10% del totale, per il tuo *business*.

4. Aggiungi il 10% solamente per te stesso.

5. Aggiungi un ulteriore 20% per varie ed eventuali.

6. Questo ti dirà quanto incasso devi fare al mese.

7. Poi fai la domanda per esigere di ricevere quella somma, qualunque essa sia. Se non sei consapevole di quanto ti costa gestirlo, inizierai ad "uccidere" il tuo *business*.

All'inizio ti verrà da dire: "Oh, tutta questa roba finanziaria è così complicata!" Il fatto è che si tratta solamente di un linguaggio differente che devi imparare. Come sarebbe se tu fossi disposto ad imparare il linguaggio dei soldi?

Ti Hanno Consigliato di Diminuire le Spese?

Una delle prime cose che un contabile che funziona dalla realtà contestuale, ti potrebbe consigliare, è di diminuire le spese della tua attività. Sono d'accordo che tenere d'occhio le spese può essere un ottimo modo di aumentare la tua consapevolezza riguardo alle finanze della tua attività; e potrebbe essere un buon inizio chiedere se sia o meno necessario partecipare alla fiera a cui stavi pensando. Tuttavia, cercare di ridurre le spese mi ha sempre dato una sensazione di pesantezza. Non è espansivo e generativo. La domanda: "Come possiamo ridurre le nostre spese di gestione?" è una domanda limitata, fondata sulla decisione che hai bisogno di diminuire le spese. Probabilmente sarebbe più utile fare una domanda più aperta ed infinita. Vedi ad esempio che cosa puoi fare, cosa puoi sviluppare e cosa puoi espandere , con domande invece come queste:

+ Come posso migliorare il flusso dei soldi nel mio *business?* (Vedi quanto è differente, rispetto al concentrarti sul togliere delle cose al tuo *business?*)
+ C'è qualcosa che posso cambiare qua?
+ Che cosa ci vorrebbe per far aumentare le mie entrate?
+ Che cos'altro posso aggiungere al mio *business?*
+ Che cosa posso aggiungere ai servizi che offro?
+ Quali entrate secondarie posso creare con il mio *business?*
+ Quale magia posso invitare nel mio *business* oggi?

Chiedi Aiuto all'Universo

Vi esorto inoltre a chiedere supporto all'universo. Usate il processo dell'energia, spazio e consapevolezza che ho dato prima:

Quale energia, spazio e consapevolezza possiamo essere, il mio business ed io, che ci permetterebbe di impiegare l'universo per l'eternità? Tutto ciò che non permette a questo di mostrarsi, distruggi e screi, un dioziliardo di volte? Giusto e sbagliato, bene e male, POD e POC, tutti nove, shorts, boys e beyonds.

Hai Davvero Speso Troppi Soldi nel Marketing?

Se il tuo commercialista ti sta consigliando di diminuire le tue spese, [lui o lei] potrebbe dirti cose del tipo: "Hai speso troppi

soldi in marketing e pubblicità. Queste somme non corrispon-
dono alle vendite ottenute." Prima di allinearti e concordare
con questo approccio, osserva bene la cosa.

Diciamo che hai speso 15.000 dollari di marketing nello
scorso mese. Per che cos'era? Era per qualcosa che genererà
possibilità future nei prossimi sei/dodici mesi? O era una cosa
solo per il presente? Ipotizziamo che tu abbia partecipato ad
una fiera e ti sia costato 6.000 dollari. Le tue vendite immediate
hanno reso 4.500 dollari. Potresti guardare questa cosa dicendo: "Ho perso 1.500 dollari." Ma è stata veramente una perdita? Non vederla subito come una cosa sbagliata. L'universo sta
aprendoti delle porte. Non appena inizi a dire: "Ho sbagliato"
oppure "Ho appena perso dei soldi," chiudi le porte alle possibilità e al contributo futuro.

Per me, non si tratta di calibrare il proprio successo in
base a questa o quella colonna del prospetto di calcolo. Infatti, qualcuno presente alla fiera avrebbe potuto prendere uno
dei tuoi volantini dicendo: "Oh! Li chiamerò!" E magari potrebbe non chiamarti per sei mesi. Ma potrebbe chiamarti fra
un anno. Non puoi mai sapere che cosa può succedere! Fai la
domanda:

+ Era una spesa per il presente o per il futuro—o ambedue?
+ Partecipare alla fiera genererà possibilità future?
+ Questa spesa farà tornare soldi alla mia attività?
+ Questa cosa mi fa sentire più leggero? (Ricorda, la verità
  sarà sempre leggera, ed una bugia sarà sempre pesante.)

Quale Domanda Potresti Fare?

Ha sempre tutto a che fare con la domanda, e con la consapevolezza di cosa tu stia creando e generando.

Quindi, quali domande potresti fare oggi, per incrementare le possibilità per la tua vita, il tuo vivere, la tua realtà e la tua attività?

Saresti disposto a distruggere e screare ovunque hai chiuso le porte, o hai soppresso, tutte le possibilità future? Tutto quello che ciò è, distruggi e screi, per un dioziliardo di volte? Giusto e sbagliato, bene e male, POD e POC, tutti nove, shorts, boys e beyonds.

Stai Prendendo In Considerazione un Investimento?

Non ti senti sicuro su come iniziare a fare investimenti per la tua attività? La domanda chiave, ogni qualvolta tu stia considerando di fare un acquisto o di intraprendere azioni per espandere il tuo *business*, è:

+ Se comperiamo questa cosa, ci farà fare soldi, adesso e nel futuro?

Quando fai questa domanda, potresti *sentire* "ora" oppure "nel futuro" oppure potresti ricevere "Si, questo ci farà fare soldi adesso e nel futuro." Qualunque cosa sia, avrai una consapevolezza più grande su ciò che il tuo *business* richiede. Se stai impostando dei sistemi o delle procedure, o qualsivoglia altra cosa, per il presente *e anche* per il futuro, il futuro finirà per essere estremamente più facile, poiché espandi la tua attività ed i flussi di denaro che ne possono derivare.

Il Libro delle Possibilità

Se sei come me, avrai costantemente nuove idee per la tua attività, ed alcune volte non saprai quali idee seguire, e quando farlo. Dovresti farlo ora o è meglio aspettare? Gary Douglas ha sempre consigliato di prendere un piccolo quaderno e scriversi tutte le idee riguardo al tuo *business*, ogni volta che emergono. Lui lo chiama il Libro delle Possibilità. Poi, per ognuna delle idee chiedi:

*   Verità, è per il presente o per il futuro?

Seguendo l'energia della consapevolezza, saprai se è il momento giusto per proseguire con la tua idea, o se dovrai conservarla per un tempo futuro.

Potrebbe trattarsi di una buona idea, ma non è ancora il momento di svilupparla. Una volta che hai chiarezza in merito a questo, puoi continuare a fare domande ed aspettare finché arriva il momento giusto. Questa è un'ottima domanda da usare anche quando qualcuno arriva con una idea su come espandere la tua attività, oppure quando stai considerando di aggiungere un nuovo prodotto o servizio. "Adesso o nel futuro?" è molto utile, perché spesso le persone soffocano le nuove idee se non ne vedono un immediato utilizzo. Promettimi che non "ucciderai" le tue possibilità future!

Ecco alcune altre domande che puoi fare per determinare il giusto momento per realizzare le tue idee:

*   Fammi vedere quando dovrei usarti.
*   Fammi vedere quando dovrei venderti.
*   Fammi vedere quando dovrei presentarti.

Circa tre anni fa, mi trovai con un gruppo di persone in Access Consciousness® per parlare di creare campi estivi Access per i bambini. Lavorammo con con una persona molto capace che aveva esperienza nel creare campi estivi per ragazzi ed analizzammo l'argomento in profondità. Scoprimmo gli aspetti legali in materia, realizzammo un sito internet fantastico e dei volantini magnifici, e avevamo gente in fila per fare da insegnante presso i campi. Era meraviglioso, ma non c'erano i ragazzi per i corsi. L'elemento mancante erano proprio i bambini. Alcuni iniziarono a dire. "Oh no, non ha funzionato." Ma non era questo il punto. La domanda avrebbe dovuto essere: "Quando è il momento per i campi-scuola?" Solamente oggi, dopo tre anni, c'è la possibilità che questo progetto arrivi a fruizione. Possiamo usare tutto il materiale fantastico che avevamo messo insieme, perché adesso è il momento giusto. Non uccidete il vostro progetto. Potrebbe semplicemente non essere il momento migliore per avviarlo. Usa le domande per scoprire quando perseguire le tue idee.

Si tratta di non evitare nulla.

Con la consapevolezza, puoi cambiare
tutto e qualunque cosa.

Capitolo 14

Connectors, movers, creators e persone foundational

Quando stai scegliendo dei soci d'affari, appaltatori, impiegati o altre persone con cui lavorare nella tua attività, è utile capire che ci sono quattro principali tipi di persone: *connectors* (coloro che connettono), *movers* (quelli che si muovono e fanno muovere), *creators* (creatori e creativi) e *foundational* (letteralmente Fondamenta, possono fare tutte e tre le categorie). Quando sai quale tipo sei, puoi scegliere più facilmente che cosa fare nella tua attività e puoi trovare la gente giusta che ti assista negli altri ambiti.

I **Connector** sono persone che amano parlare a tutti. La loro specialità è quella di creare connessioni. Il loro talento e la loro capacità è di sapere con chi parlare, quando parlarci e che cosa dire. I *connector* hanno cinquanta milioni di numeri di telefono nella loro agenda e, ogni volta che hai bisogno di qualche cosa, loro dicono: "Io so chi chiamare." Puoi fare il nome di una qualunque persona, in una qualunque azienda, ed il *connector* dirà: "Si, è un mio amico!"

Il punto di forza di un connector è parlare con le persone. Ciò che ci si aspetta da un connector è: connettere. Sono dei magnifici venditori e sono fantastici al telefono. I connector parleranno con chiunque di qualunque cosa, e sono essenziali per il successo della tua attività.

A volte dei connector vengono da te, pagano per i tuoi prodotti o servizi, e poi diranno a tutti quelli che conoscono quanto sei incredibile. Non hai nemmeno bisogno di assumerli. Vogliono che tutti sappiano di te. Come risultato, molti connector non guadagnano soldi sulle cose che connettono. Connettono le persone, semplicemente perché è ciò che fanno! Diciamo che sei una parrucchiera ed una delle tue clienti parla entusiasticamente di te in continuazione, non importa dove vada: al supermercato, alle riunioni di famiglia o alle feste. Dirà alle persone: "Devi andare da questa parrucchiera. È favolosa!" Ecco una connector. La tua cliente ti paga per tagliarle i capelli e sta facendo un lavoro di connessione per te.

I **Mover** sono quelle persone che sanno come gestire un'attività. Sono energici ed ambiziosi e, soprattutto, sono proiettati nel futuro. La loro specialità è sapere che cosa va attuato oggi per espandere l'attività domani. Un *mover* vede le possibilità e chiede: "Qual è la prossima cosa richiesta?" Se stai progettando una *convention*, una festa, oppure un seminario, un *mover* è quello che prenoterà la sala, che farà stampare i volantini e farà in modo che ci siano sedie per tutti. Il loro talento e la loro abilità è di vedere che cosa è richiesto e di assicurarsi che ci sia. Loro sono avanti di dieci, venti o cinquanta passi rispetto a ciò che sta succedendo.

I *mover* creano un flusso e un senso di facilità nella tua attività e nei tuoi progetti. Ipotizziamo che tu stia facendo una fiera. Un mover saprà con molto anticipo cosa sia esattamente richiesto per impostare e lavorare ad una fiera. Quella è la chiave. Sono molto avanti nel tempo: non arriveranno alla fiera dicendo: "Oh, no! Ho dimenticato di portare il prodotto!" Sapranno esattamente che cosa è richiesto con almeno uno o due mesi di anticipo come, d'altronde, fino ad una settimana dopo l'evento stesso. È quasi come se potessero leggere il pensiero. Dei buoni mover sono costantemente nella domanda di ciò che è richiesto per il futuro, e poi se ne escono chiedendo: "Come sta andando oggi?"

I **Creator** sono sempre alla ricerca di ciò che è possibile, sono i sognatori e i visionari. Sono quelli che se ne escono con le idee, cercando sempre l'energia per generare qualche cosa nella vita. I *creator* vivono partendo dalla domanda: "Che cosa è possibile? Quali scelte ho? Con che cosa posso contribuire?" Il loro talento e abilità è quello di vedere che cosa sia possibile nell'attività e nella vita. Un creator è una di quelle persone che se ne escono continuamente con un milione di idee. Ecco quando scrivere tutte le tue idee nel Libro delle Possibilità diventa molto efficace.

Recentemente stavo parlando con un uomo che diceva: "A volte mi viene un'idea per un *business*. Riesco a vedere l'inizio e come potrebbe essere nel futuro, ma poi c'è una terra di mezzo che riguarda come realizzarlo. Non riesco a vedere quella parte. Amo avere l'idea e la visione di come sarebbe, ma non ho la più pallida di come portarlo in esistenza."

Questo è un bell'esempio di un *creator* a cui serve un *mover*. Io chiesi: "Come sarebbe se tu prendessi qualcuno che possa fare tutte le cose che stanno in mezzo? Ci sono persone che amano istituire tutto quanto affinché le attività possano partire." Da allora, lui si è connesso con un fantastico mover, che lo sta aiutando a sviluppare le sue idee, e la sua nuova attività è ben avviata.

I *Foundational* hanno combinate in loro tutte le abilità dei *connector, mover* e *creator*. Sono grandiosi in tutti e tre gli aspetti. Un foundational può sostenere da solo tutti e tre i ruoli. Sono dei magnifici coordinatori, perché hanno la consapevolezza di come connettere, di come muovere e di come creare. Vedono tutti gli aspetti del business, sanno che cosa è richiesto in ogni campo e lavorano efficacemente con la gente per assicurarsi che tutti gli elementi necessari per un'attività di successo siano al loro posto.

Chi Sono i *Connector*, i *Mover* e i *Creator* nella Tua Vita?

Mi auguro che, mentre stai leggendo, tu stia notando quali persone conosci che rispondono alla descrizione di *connector, mover* e *creator*. Tu dirai: "Oh, già, quella donna parla sempre dei miei prodotti e non l'ho nemmeno assunta." Oh! Come sarebbe se non dovessi nemmeno assumere connector, mover e creator ? Come sarebbe se fossero semplicemente persone che contribuiscono alla tua attività? Lo sono! Come sarebbe se tu fossi disposto a ricevere *connector, mover* e *creator* da ovunque e dovunque arrivino?

Ognuno di Questi è Essenziale nel Tuo *Business*

Connector, mover e *creator* sono ugualmente importanti. Uno non è più importante o meglio dell'altro. Ognuno ha talenti ed abilità che sono necessari per gestire con successo e con tranquillità un'attività, con facilità e gioia. Nessuno di loro è speciale e tutti sono speciali. Se non hai qualcuno che abbia delle forti capacità di *connector, mover* e *creator* nel tuo business, non avrai quelli che sono gli elementi per avere successo. (Tra l'altro, questo è vero anche nella tua relazione. Una relazione di successo ha anche bisogno di partner che hanno le capacità combinate di *connector, mover* e *creator*.)

Tu, Quale Sei?

Per ricevere più chiarezza su quale di questi tu sia (mover, connector, creator o foundational), chiedi:

+ Che cosa mi piace fare ed essere all'interno dell'attività?

"Sono Solo un Connector"

Ipotizziamo che scopri di essere un connector. Potresti chiedere, come ha fatto un mio amico: "Come posso avere una attività di successo se sono solamente un connector?" La risposta è facile: Non devi fare tutto da solo! Fai quella parte che ti porta gioia. Chiedi:

+ Chi altri deve arrivare per generare ciò che è necessario?

O forse puoi creare un *business* che abbia a che fare con il connettere? Io chiesi al mio amico: "E se il tuo lavoro fosse quello di connettere? Come sarebbe se il tuo *business* avesse a che fare con ciò che sei?" Se sei un *connector*, potresti aprire un'attività mettendo alcune persone in contatto con altre. Vedi Craigslist. Lui è un *connector*. Oppure AngiesList. Lei è una connector. È ciò che fanno, connettono le persone, e ne ricavano soldi.

"Sono un Connector, ma Odio Promuovere Me Stesso"

Anche se sei un *connector*, potresti aver bisogno di trovare un altro *connector* che ti aiuti a promuovere te in quanto, molte persone, sebbene siano loro stesse *connector*, trovano difficile promuovere sé stesse. Forse ti serve trovare qualcuno che sia capace di assisterti nel connetterti più ampiamente attraverso i social-media. Oppure puoi aver bisogno di assumere una società del settore che ti possa connettere in tutto il mondo. Chiedi:

+ Chi o che cosa devo aggiungere al mio *business?*

L'idea sarebbe quella di avere la consapevolezza di ciò che tu e gli altri trovate facile, ciò che tu e gli altri siete grandiosi nel fare, e di usare tutti al massimo delle loro capacità, il che creerà più gioia nel *business.*

Quali sono le infinite possibilità?

Capitolo 15

Assumere persone per il vostro *business*

Alcuni consigli utili

Quando è il momento di assumere qualcuno per la vostra attività, non chiedete solo che si mostri un dipendente: chiedete per un individuo che sia più di un semplice dipendente, chiedete per qualcuno che contribuirà al di là dei vostri sogni più scatenati a espandere la vostra attività oltre ad aiutare egli o ella stessa. Chiedete che arrivi, nella vostra attività, qualcuno che desideri una realtà più grande.

Io non ho sempre fatto così: anni fa, prima di sapere che il mio lavoro fosse un'entità a sé e credevo che mi appartenesse, avevo il punto di vista che nessuno potesse fare nulla altrettanto bene di come lo facessi io. Immaginate che tipo di collaboratori assumessi? Sorpresa: noi creiamo la nostra realtà! Nessuno, di quelli che assumevo, era in grado di fare le cose così bene quanto me.

Trattenevo quest'idea che fossi la sola che potesse fare il mio lavoro e nel processo continuavo a mantenere un controllo molto stretto di ogni cosa. Molti dirigenti negli affari tengono questo approccio: non vogliono lasciar andare nulla. Il problema, con questo, è che quando tu impugni qualcosa in maniera forte la tua mano è chiusa: non puoi ricevere nient'altro. In uno dei film della saga di Guerre Stellari c'è una scena in cui un personaggio si appiglia a un universo e un altro personaggio gli dice "Se non lasci andare quell'universo non potrai ricevere tutti gli altri universi."

Quando lasci andare il controllo, qualcosa di molto più grande può mostrarsi per te e il tuo business. Ora, quando è il momento di assumere qualcuno, faccio delle domande, chiedendo per delle persone che lavorano con me che sanno più di quello che so io.

Se vi è un'area che non è divertente per voi o non siete bravi in qualcosa, trovate qualcuno a cui piace. Per esempio: io posso parlare agli uomini, donne o bambini di un certo argomento ma fare da connettore non è ciò che mi diverte, preferisco essere il creatore e il mover. Con *Good Vibes for You*, ora abbiamo qualcuno che lavora con noi nel settore vendite che è molto più bravo di quanto lo sia io. Non ha sangue che scorre nelle sue vene: ha le vibrazioni degli affari. Per quale motivo non assumereste persone che possono fare le cose meglio di voi? Abbiamo anche qualcuno del nostro gruppo che ama fare i conti: la sua attitudine è "Lo posso fare io questo, per favore?" La mia risposta è "Certo!" Lei fa la contabilità meglio di quanto la faccia io perché lei ama farla.

Invitando qualcuno nel vostro *business* a fare le cose che non amate fare, contribuirete al business: siete scortesi con il vostro lavoro se non permettete il contributo di qualcuno che veramente goda nel fare il lavoro che deve essere fatto. Avere persone altamente competenti che lavorano per voi espanderà i vostri affari o li diminuirà? Li espanderà!

Assumere

Qui ci sono alcune domande che potete usare quando state considerando di assumere qualcuno:

* Verità, questa persona farà fare dei soldi al *business* ora e o nel futuro?

Potreste ricevere un *no*. Non concludete immediatamente "Oh, non posso assumere questa persona." Invece chiedete:

* Verità questa persona è un'aggiunta in qualche modo alla mia compagnia?

Riceverete la consapevolezza attraverso una risposta energetica e da lì potete scegliere. Ricordate la scelta crea consapevolezza.

Colloqui di lavoro

Quando state facendo un colloquio di lavoro provate questo:

* Dite "Verità" nella vostra testa e poi chiedete forte:
* Qual è la cosa che non ho ancora chiesto che dovrei sapere su di te?

Verità è una legge universale. Se voi chiedete "verità" prima di porre una domanda, le persone devono dirvi la verità. Potrebbero dirvi qualcosa del tipo, "A volte arrivo tardi" o "In realtà non mi piace rispondere al telefono." Potrebbero dirvi cosa non gli piace fare, e poi chiedere a sé stessi: "Perché ho detto questo?" Si chiama manipolazione ed è divertente!

Cose da scoprire su potenziali soci d'affari o collaboratori

Qui ci sono alcune cose che potrebbero interessarvi quando state considerando di prendere un socio d'affari o un impiegato:

- **Hanno una mentalità di povertà?** Non assumete persone che hanno la povertà come loro realtà. Non funzionerà se state cercando di fare soldi, perché loro si assicureranno che voi non facciate mai abbastanza soldi nemmeno per pagare loro stessi.

- **Hanno mai avuto denaro, loro o la loro famiglia?** Le persone che hanno avuto denaro si aspettano denaro. Andranno fuori e creeranno soldi per voi perché i soldi sono una parte della loro realtà. Si aspettano di averli.

- **Amano i soldi?** Anche se arrivano dalla povertà, se amano i soldi, faranno soldi per voi e per loro stessi perché amano i soldi.

- **Hanno il punto di vista che devono trattenere tutte le cose nelle loro case anche se superflue?** Se lo fanno dovreste sapere che probabilmente non faranno mai soldi, perché loro trattengono cosa hanno come fosse tutto indispensabile. Fate un giro sulla loro macchina. Se la loro auto è piena di spazzatura, loro stessi sono un cumulo di spazzatura e non faranno mai soldi per voi.

- **Sono intelligenti e svegli?** Hanno senso dell'umorismo? Dovete lavorare con persone che possono stare al vostro passo mentalmente. Se assumete qualcuno che non ha abbastanza intelligenza o consapevolezza vi annoierete di loro in un piccolo lasso di tempo.

Il business creato dalla consapevolezza è la gioia del business- questo è business fatto differentemente.

Capitolo 16

Potenziare o micro-gestione?

La gente con cui parlo, spesso, esprime delle preoccupazioni sull'assumere personale. Sono preoccupati: "Troverò delle persone competenti? Dovrò spiegare loro ogni più piccolo particolare? Faranno il lavoro a metà e male e dovrò, poi, rifare tutto il lavoro da capo? Se così fosse, finirò con il fare il doppio del lavoro! Come posso controllare le cose per essere sicuro che ogni cosa vada per il verso giusto?

Io suggerisco: "Non cercare di controllare le cose." Dovete essere disposti a essere il *leader* del vostro business e il *leader* della vostra vita. I leader sono persone che sanno dove stanno andando e ci vanno, a qualunque costo! Essere il *leader* del vostro *business* non significa necessariamente fare il colonnello o controllare ogni cosa. Potrebbe significare invitare le persone con cui lavorate per l'apporto che danno. Potrebbe significare aspettarsi che facciano scelte per conto proprio.

La micro-gestione indica che tu, in quanto *leader del business*, diminuisca la tua consapevolezza e ti concentri sul pensare che le cose debbano essere in un certo modo. Il problema in ciò è che pensare non espanderà mai un'attività, i pensieri la renderanno più piccola: ossia una parte infinitesimale della micro-gestione. Quando gestite nel *micro-scopico* vi perdete nei vostri pensieri e nelle aspettative lasciando indietro le possibilità. Tenete le briglie dei vostri impiegati molto strette. Avete la tendenza a star loro col fiato sul collo, osservandoli e dicendo loro cosa debbano fare.

Questo non è un approccio funzionale. Se osservate ciò che succede nel *business*, e con i vostri impiegati quando fate così, probabilmente noterete che l'energia smette di fluire, il flusso di soldi diminuisce, le cose iniziano a contrarsi e non c'è molta gioia: questo perché state trattenendo tutto. State facendo affari partendo dalla conclusione, dal controllo e dal giudizio piuttosto che dalla consapevolezza, dalle domande, dalla scelta e dalle infinite possibilità.

Quando potenziate qualcuno, esso diventa un contributo per sé stesso e per la vostra attività: voi state permettendo al contributo di manifestarsi a voi e state permettendo che avvenga anche per loro. Se fate domande ai vostri collaboratori e funzionate dallo spazio della consapevolezza, piuttosto che dalla solidità delle risposte, voi create un'energia di potenziamento per tutta la società che permette alle persone di essere tutto ciò che possono essere.

Autorizzate le Persone a Fare Ciò in Cui Sono Bravi?

Autorizzate il vostro *staff* a fare le cose in cui sono bravi. Alla gente piace creare i loro stessi lavori. Quando le persone fanno ciò che amano, il lavoro diventa un invito, diventa gioioso e questo espande la vostra attività. Ogni persona ha una prospettiva differente. Ammettiamo che io abbia una stanza piena di persone e che chieda a ognuna di fare un particolare lavoro: ciascuna lo farà in maniera differente. Ecco che cosa è l'espansione. Significa che ognuno avrà una certa idea su come le cose dovrebbero essere fatte, mentre a voi non sarebbe mai saltato in mente di farlo in quel modo. Come sarebbe ricevere la differenza che ognuno è?

E Tu, Come lo Faresti?

Potenziare la gente a fare ciò che desiderano crea un'energia molto differente rispetto al dire loro cosa fare. Quando qualcuno dei miei collaboratori mi chiede come fare qualcosa, spesso, rispondo con: "**Tu come lo faresti?**" Fare questa domanda ti permette di ricevere la loro prospettiva.

L'altro giorno avevo una riunione di lavoro con un collaboratore, il quale mi chiese: "Potresti darmi qualche idea su quali siano le tue priorità?"

Io : "Beh, a che cosa stai lavorando?"

Mi rispose che stava lavorando su cinque cose differenti.

Allora io chiesi: "Che cosa ti piacerebbe fare?"

Rispose: "Vorrei lavorare su questo e quest'altro, perché vedo che le cose stanno andando in questa direzione."

Ribattei: "Meraviglioso, fai pure."

Più tardi, quel giorno, egli mi mandò un e-mail dicendomi: "Grazie mille per avermi lasciato scegliere le mie priorità."

Se gli avessi chiesto di fare qualcosa che non avrebbe voluto fare, l'avrebbe fatto bene? L'avrebbe fatto velocemente? L'avrebbe fatto con entusiasmo? Probabilmente no. Io ero disposta a lasciare che lui non portasse a termine alcuni degli incarichi che pensavo dovesse completare perché so che, se fa quello che ama e che considera importante, lo farà bene e contribuirà molto di più di ciò che avrei potuto esigere da lui.

Quando funzionate da uno spazio in cui non state impartendo ordini, siete un invito al contributo e create un' energia più espansiva nel vostro business. Fate ai vostri collaboratori domande del tipo:

+ Come potresti contribuire a questo progetto?
+ Quali sono le tue idee?
+ Come ti piacerebbe fosse questa cosa, esattamente?
+ Che cosa significa questo per te, esattamente?

Usare la parola *esattamente* nelle vostre domande porta le persone a definire cosa sia vero per loro e ti dà maggiori informazioni e consapevolezza su ciò che le persone faranno e non faranno.

Quando potenziate in questo modo le persone, aprite la porta perchè loro arrivino a chiedere: "Come posso contribuire?" Questo è un enorme fattore ai fini del successo dell'attività. Tra l'altro chiedere alle persone quali siano i loro suggerimenti o idee non significa che dovrete, per forza, seguirle: significa, semplicemente, che avrete più informazioni e una prospettiva più ampia.

Se siete disposti a richiedere e ricevere i loro contributi, molte più cose si presenteranno, sia per voi che per loro.

Potenziare le persone a fare ciò che desiderano crea un'energia molto differente dal dire semplicemente loro ciò che tu vuoi che facciano.

Capitolo 17

Accordo e consegna

Molte persone credono che, se sono gentili ed educate, gli altri saranno, a loro volta, gentili e carini nei loro confronti e che avranno, così, ciò che desiderano. Pensano che il detto "Fai agli altri ciò che vorresti fosse fatto a te" funzioni veramente. Oppure pensano: "Se sono abbastanza gentile, abbastanza bravo o se lo faccio nel modo giusto, tutto andrà magnificamente." No! Se avete mai provato questo approccio, probabilmente avrete scoperto che non funziona. Quando state agendo dal *fai agli altri*, non state vedendo ciò che davvero sta per succedere. Vi state illudendo che il risultato sarà migliore di come potrebbe essere. Credete che ciò che qualcuno vi darà, sarà più grande di ciò che possono darvi veramente.

Qual è l'Accordo?

Invece di condurre gli affari come se foste nel *Paese delle Meraviglie*, vi invito a usare un approccio che noi chiamiamo *accordo e consegna*. Riguarda avere chiaro che cosa desideri e richiedi, facendo domande e riconoscendo ciò che le altre persone possono offrire e vi daranno. Vi permette di superare le vostre fantasie, e le fantasie delle altre persone, così da poter guardare a quale sia l'accordo e a quali siano le consegne che entrambi le parti dovranno soddisfare.

Ogni volta che faccio un contratto o qualsiasi tipo di accordo con chicchessia su di una qualunque cosa, chiedo: "Qual è l'accordo? Che cosa, esattamente, desideri e richiedi da me? Che cosa devo fare io? Che cosa mi darai, esattamente?" Le domande sono fondamentali per fare chiarezza. Quando tutto ciò che fate è dichiarare ciò che voi richiedete, state presumendo che la persona vi stia ascoltando. Questo è sempre uno sbaglio. Dovete essere chiari su ciò che richiedete e su ciò che darete, e dovete essere chiari con l'altra persona su ciò che lui o lei dovrà fare.

Come vedi un accordo? Come vedono loro l'accordo? Tu devi fare domande come queste:

+ *Qual è l'accordo?*
+ *Che cosa mi darai?*
+ *Mi darai ciò che voglio?*
+ *Ti sto chiedendo qualcosa che non mi puoi dare?*
+ *Quali sono, esattamente, i termini qui?*
+ *Quali sono le condizioni?*
+ *Che cosa desideri e richiedi esattamente da me?*
+ *Che cosa devo dare per avere ciò che voglio?*
+ *Posso darti ciò che tu vuoi?*
+ *Che cosa devo sapere qui?*
+ *C'è qualcosa che non sono disposto a chiedere?*

Soldi

L'approccio *"accordo e consegna"* è particolarmente importante quando sono coinvolti i soldi, perché la gente tende ad essere vaga sull'argomento *soldi*. Non sono mai chiari: creano confusione cosicché tu non abbia alcuna idea di quanto ti faranno pagare, di come qualcosa procederà o di quando sarà consegnato. Io non sono mai vaga riguardo ai soldi, sono molto pignola: voglio chiarezza totale. Uso domande quali:

+ **Che cosa intendi?**
+ **Come sarà, esattamente?**
+ **Quanto mi costerà, esattamente?**

Chiedo sempre quale sia la cifra esatta. In questo modo, le persone, non possono successivamente venirmi a dire: "Oh, non abbiamo parlato delle aggiunte extra che abbiamo dovuto fare.

> *Se desiderate sapere come andrà a*
> *finire dovete fare domande.*

Lo Faranno?

Quando qualcuno dice cose del tipo: "Mi piacerebbe lavorare con te," scoprite che cosa intendono. Potrebbero pensare di voler viaggiare con voi (a vostre spese) e, in cambio, portarvi le valigie. Questo, probabilmente, non è ciò che richiedete!

Diciamo che incarichiate qualcuno affinché vi porti fuori il cane, vorreste chiedergli:

+ **Che cosa ti aspetti di fare?**
+ **Quando farai passeggiare il cane?**
+ **Come sarà per te?**
+ **Quanti giorni la settimana lo farai?**

Non presumete che faranno passeggiare il cane nel modo in cui lo fareste voi. Scoprite ciò che c'è nella loro testa. Quando lavorate dall'accordo e consegna, potete farvi chiarezza su ciò che desiderate e scoprire se, in realtà, le altre persone possono fare, per voi, ciò che volete. La persona farà ciò che gli chiedete di fare? Vi darà ciò che volete? Siate disposti a guardare a ciò che succede e poi chiedete: "Questa persona mi consegnerà ciò che io desidero?"

Se qualcuno si offre di fare qualcosa per te, puoi dire: "Meraviglioso. Qual è l'accordo? Che cosa ti piacerebbe in cambio?" Non lasciate che qualcuno faccia qualcosa per voi e poi, quando la cosa ormai è stata fatta, si presenti con una parcella ben più alta di quanto vi sareste aspettati. Chiedete subito: "Va bene, qual è l'accordo?" Voi avrete chiarezza, ed anche loro ne avranno.

Mai Confrontare

Un mio buon amico voleva che determinate cose venissero eseguite nella sua attività. Trovò una donna che disse di essere capace di realizzare ciò di cui lui aveva bisogno. Egli pensava che avessero preso un accordo sul prezzo; lei, invece, si era fatta una idea completamente differente. Gli mandò una fattura quattro volte più cara di quella che lui aveva previsto. Egli era irritato e volle confrontarsi con la donna cosicché lei vedesse che non aveva rispettato il loro accordo.

La sua idea fu: "Se mi confronto con te, probabilmente vedrai che ti sei sbagliata." L'unico problema con quest'approccio è che affrontare non funziona mai. Quando affronti qualcuno o lo sfidi, egli, automaticamente, deve difendere la posizione che ha scelto. La gente riesce a vedere solo dal proprio punto di vista. Non possono vedere da dove stai guardando tu. Nessuno comprenderà mai totalmente il tuo punto di vista, né cambierà il proprio solo perché tu hai espresso il tuo. La sintesi di tutto questo è che se affrontate la gente, essa finirà per doversi giustificare e difendere.

"Sono confusa. Mi può aiutare con questo?"

Ogni qualvolta parlo con qualcuno di come stia andando una certa cosa evito lo scontro. La prima cosa che dico è:

+ "Sono confusa. Mi puoi aiutare con questo?

Assumo la posizione di aver bisogno d'aiuto: mi è sfuggito qualcosa. Ho perso qualcosa. Non ho capito qualcosa. Quando assumete questo punto di vista le altre persone cercheranno sempre di colmare il vuoto. Proveranno ad aiutarvi e a contribuire a voi. L'approccio più delicato consente a maggiori informazioni di emergere. Tutto ciò che state cercando è chiarezza e consapevolezza, non ha a che fare con *giusto* o *sbagliato*, o con *vincere* o *perdere*.

Recentemente ci sono rimasta male quando ho ricevuto un *e-mail* da qualcuno con cui collaboro. Mi sembrava che si stesse comportando da maleducato con qualcun altro. Non l'ho affrontato su questo, né gli ho chiesto di spiegarmi che cosa avesse scritto. Gli ho invece detto: "Sono confusa. Mi puoi aiutare con questo?" E facendo così, ho scoperto che in realtà non aveva la capacità di fare ciò che io avevo pensato lui sapesse fare. Ora che ho l'informazione posso trovare qualcun altro che abbia la capacità di attuare ciò di cui ho bisogno, senza irritarsi, senza sfida o giustificazioni. Questo approccio permette alle infinite possibilità di mostrarsi. E' davvero molto più espansivo che confrontarsi con qualcuno o essere inconsapevole della situazione che, in quel momento, richiede la tua attenzione. In fin dei conti, si tratta di avere più consapevolezza.

L'unico caso in cui il confronto potrebbe essere utile é quando tu vuoi che qualcuno veda che, se continuano a scegliere ciò che stanno scegliendo, ci rimetteranno. Per esempio, qualcuno sceglie di essere ottuso quando ha a che fare col denaro. Vuole creare una situazione in cui voi siete confusi su quanto vi costerà, così da poter "vincere". La confusione che creano li aiuta a mantenere in esistenza il loro inganno. Quando ciò accade, potrebbe essere utile esclamare con una certa intensità: "Non capisco che cosa tu voglia. Che cosa *#@! mi stai chiedendo?" Questo potrebbe chiarire quale sia veramente la questione.

Mai Giustificarsi

Quando chiedete alle persone di fare qualcosa, potreste essere tentati di spiegare o giustificare il perché volete che venga eseguito in un certo modo. Potreste essere dell'idea che, spiegando le ragioni per le quali volete che venga fatto in quel modo, vi aiuterà a ottenere ciò che desiderate. Per esempio, potreste dire: "voglio che questo opuscolo venga stampato su un cartoncino di alta qualità, perché desidero che la nostra attività dia la sensazione di essere un'organizzazione di tale successo da fare le cose nel miglior modo possibile". Quando cercate di fare in maniera che la gente capisca ciò che state scegliendo, state giustificando ogni singola azione che intraprendete. Non giustificate, né spiegate, dite solo ciò che è vero per voi, ossia semplicemente: "Io voglio questo opuscolo stampato su un cartoncino di alta qualità."

Che si tratti di affari o della vostra relazione personale, dite alla gente esattamente ciò di cui avete bisogno: "Questo è ciò di cui ho bisogno affinché questa relazione funzioni." Non è: "l'Amore vincerà sempre." Nemmeno: "Se dimostro loro l'amore di cui hanno bisogno, tutto andrà bene." Quello significa vivere in un mondo di fantasia. Fatevi avanti, siate presenti a voi stessi e andate oltre la fantasia. Questo vi permetterà di creare ciò che desiderate. Quando giustificate ciò che volete, in verità state cercando di affrontare le altre persone senza farlo in modo diretto.

Giustificarsi non funziona, perché non c'è alcun modo in cui le altre persone possano seguire la vostra logica personale. La gente non sarà in grado di vedere il vostro punto di vista, in quanto hanno già il proprio. Loro possono o combattere ciò che cosa state dicendo, oppure possono abbandonare il loro punto di vista e vedere voi come nel giusto. Nessuna di queste due posizioni contribuisce alla loro capacità di fare ciò che vorreste voi.

Questo è Ciò di Cui Ho Bisogno. Puoi Farlo?

Invece di giustificare ciò che desiderate, dicendo: "La mia scelta è giusta e voglio che tu veda le cose a modo mio", potete semplicemente dire: "Sto scegliendo questo perché è ciò di cui ho bisogno". Tutto qui. Non c'è bisogno di alcuna spiegazione o giustificazione. "Questo è ciò di cui ho bisogno. Puoi farlo?" L'altra persona, così, capisce ciò che deve fare affinché l'accordo funzioni, così da poter scegliere se eseguire, o meno, ciò di cui hai bisogno.

Non Cercare l'Approvazione

La stessa cosa succede quando cercate di fare in modo che la gente approvi ciò che richiedete. Lasciate perdere, non accadrà mai! Piuttosto, siate chiari e precisi nelle vostre comunicazioni e cercate di capire quale sia l'accordo. Dite, chiaramente e semplicemente, alla gente ciò che richiedete. Abbiate chiarezza su ciò che richiedono loro. Fate domande e siate consapevoli di ciò che possono, o non possono, consegnarvi.

Non affrontate qualcuno, non giustificate
e non cercate l'approvazione. Mai.

Capitolo 18

Fidati di ciò che sai e ottieni le informazioni che ti servono

Negli affari è importante credere in quello che si sa. Chi ne sa di più? Il tuo commercialista? Il tuo avvocato? Qualcun altro nel tuo settore? No. Tu!

Immagina come sarebbe il tuo *business* se credessi in te stesso. Ci sarebbero più o meno soldi? Ci sarebbe più o meno divertimento?

Conosco una donna che ha un'attività con il marito e un altro uomo che si crede un esperto di *business*. Nonostante l'attività sia dei coniugi, l'altro uomo ha opinioni molto forti e ben delineate su come le cose dovrebbero essere fatte.

Una volta la donna mi disse: "È come se lui stesse sempre cercando la spiegazione del perchè io voglia fare delle cose. Non mi può importare di meno di doverlo convincere del modo in cui vorrei far le cose, perciò finisco per farle a modo suo, ma questo mi avvilisce. Una volta mi piaceva la nostra attività, ora la odio."

Le chiesi: "Se ho capito bene, l'attività è tua e di tuo marito?"

Lei disse: "Sì."

Risposi: "Allora tu e tuo marito avete il potere e il controllo.

Come sarebbe se, anziché fare le cose come le farebbe questo tizio, ammiraste semplicemente ciò che ha raggiunto negli affari, prendeste in considerazione la sua opinione come informazione per cui siete grati, e poi seguiste il vostro sapere?"

Questo sarebbe funzionare dall'accordo e consegna: lei potrebbe così fare le sue scelte e affermare ciò che desidera senza spiegazioni, giustificazioni o confronti.

Cos'Altro Ho Bisogno di Sapere Qui?

È importante fidarvi di voi stessi e riconoscere ciò che già sapete. Allo stesso tempo è anche importante fare domande e ricevere le informazioni di cui avete bisogno: potreste avere bisogno di parlare con un commercialista, un avvocato o qualcuno nel vostro ambito per scoprire ciò che desiderate sapere. Qualcuno vuol dare a vedere che sa tutto quanto che c'è da sapere sugli affari. Io faccio l'opposto: se c'è qualche cosa che non so, allora chiedo: "Che cos'è questo? Cosa so di questo?"

Ascoltate tutti e saprete quando l'energia di ciò che stanno dicendo corrisponde all'energia di ciò che vorreste.

Se siete confusi, arrabbiati o infastiditi, o se qualcosa nel vostro lavoro vi sembra strano o scomodo, probabilmente avete bisogno di più informazioni. La gente, quando è confusa o arrabbiata, spesso va dritta al giudizio, oppure cerca di rendere sé stessi o gli altri sbagliati. In verità, a loro mancano solo informazioni. Il modo per risolvere questo è fare domande. Forse un dipendente ha fatto qualcosa che vi infastidirà, forse un progetto è fermo e non sapete come farlo procedere: se siete disposti a fare domande avrete più chiarezza e sarete in grado di fare scelte con consapevolezza.

Quando avete bisogno di più informazioni chiedete:

+ Che cos'altro mi serve sapere qui?
+ Con chi devo parlare?
+ Quale consapevolezza sto avendo che non sono stato disposto/a a riconoscere?

Potete anche chiedere:
+ Che cosa è giusto in questo che non sto vedendo?
+ Che cosa non sono disposto a percepire, sapere, essere e ricevere?

C'è una Bugia Qui?

Se vi sentite arrabbiati e frustrati, potrebbe anche significare che c'è una bugia. Chiedete:
+ C'è una bugia qui?

Non avete bisogno di sapere quale sia la bugia, avete la consapevolezza che c'è una bugia e questa è un'informazione importante. Se fate ulteriori domande, potete ricevere ancora più consapevolezza. Effettivamente è molto semplice: quando avrete le informazioni di cui avete bisogno, anche se fosse una cattiva notizia, anche se scopriste di dover dare un milione di dollari, saprete che cosa dovete generare. Voi saprete che cosa dovrete cambiare.
+ C'è una Bugia con una Verità attaccata?

Siete mai stati in una situazione in cui qualcuno ha detto: "Oh, questo è un ottimo affare, farai un sacco di soldi con questo!" Qualcosa dell'affare sembrava meraviglioso e qualcos'altro non lo sembrava affatto: era una verità con una bugia attaccata. Riuscivate a vedere dove avreste potuto far un sacco di soldi:

quella era la verità. La bugia attaccata alla verità, che non era evidente era: "I soldi, effettivamente, non ti arriveranno per altri tre o cinque anni."

Avete mai visto le pubblicità delle agenzie immobiliari che offrono una casa stupenda con vista sull'oceano? Sembra meraviglioso, vero? È una bellissima casa, ma la vista sull'oceano è disponibile solo se sei alto due metri e se ti metti in punta di piedi in un certo posto, a sinistra della veranda. È una verità con una bugia attaccata. Se sentite qualcosa di strano quando siete ad una riunione o quando state sviluppando un progetto con qualcuno chiedete:

+ **C'è una verità con una bugia attaccata?**

Non dovete, per forza, scoprire quale sia la bugia. Chiedete quale sia l'energia della verità e quale quella della bugia e, poi, distruggete e screate tutto ciò che non vi permette di avere la consapevolezza richiesta.

Che Cosa è Giusto di Questo Che Non Sto Vedendo?

Questa domanda supera l'idea che qualcuno o qualcosa sia "sbagliato", non importa quale sia la situazione: nulla è mai sbagliato. Non fate mai veramente un errore: state costantemente imparando e diventando più consapevoli. Quando entrate in quella situazione in cui pensate che qualcosa sia sbagliato, avete a che fare con un giudizio, state sbattendo la porta chiudendola in faccia a ogni possibilità che la situazione offre. Questo strumento apre le porte a consapevolezze e possibilità più grandi. Chiedi:

+ **Che cosa c'è di giusto in questo che non sto vedendo?**

Per esempio, ci sono delle volte in cui non è energeticamente corretto, per qualcuno, continuare a lavorare in una determinata attività. Qualcuno potrebbe considerare questo come un fallimento: "Oh no, questa persona sta scegliendo di lasciare il lavoro", oppure: "Oh no, dobbiamo licenziarlo" o qualunque sia la situazione. Non entrate nel giudizio che ci sia un errore nel licenziarla o che sia triste che lui se ne stia andando: fate domande. Come sarebbe se non fosse una perdita? Come sarebbe se fosse una scelta che espande il *business* ed espande qualcosa anche per quella persona? Come sarebbe se fosse ciò che la compagnia, il *business* o il progetto richiede? Forse il fatto che la persona se ne stia andando aprirà uno spazio ed espanderà l'energia perché qualcos'altro si possa presentare per tutti.

Una mia amica ricopriva una posizione di prestigio all'interno di una compagnia petrolifera da molto tempo, poi ha smesso di lavorare in quell'ambito. Quando fece la scelta di ritornare a quell'attività non era più al passo coi tempi e con i sistemi che si usavano. Fece un sacco di colloqui e l'unica offerta che ebbe fu un lavoro di tre mesi e una paga considerabilmente minore di quella che avrebbe voluto. Anziché rendere questa cosa sbagliata e lamentarsi di quanti pochi soldi avrebbe guadagnato, fece una domanda: "Che cosa c'è di giusto in questo che non sto vedendo?"

Si rese conto che c'era un altro modo di vedere la sua situazione. Veniva pagata per fare tre mesi di formazione sui sistemi che aveva bisogno di conoscere, così, tre mesi dopo, a contratto scaduto, avrebbe potuto uscire e chiedere cifre molto più alte. Disse: "In effetti questo mi dà forza e potere nelle cose che voglio scegliere per me. So che sarò in grado di trovare un lavoro meraviglioso una volta aggiornata sui metodi che vengono usati nel settore."

Che Cosa C'è di Giusto In Me Che Non Sto Vedendo?

Potete usare la domanda: "Che cosa é giusto di questo?" anche per voi stessi. Siete scocciati con voi stessi per qualcosa che avete fatto? Avete concluso che avete fatto un errore? Pensate di aver fatto qualcosa di sbagliato? Siete giù? Questa domanda vi aiuterà a vedere voi stessi da un altro punto di vista e potrebbe aprire le porte a qualche nuova possibilità. Chiedete:

+ Che cosa c'è di giusto in me che non sto vedendo?

Questo strumento serve per farvi uscire dal giudizio di voi stessi. È una grande domanda da fare quando iniziate a sentirvi sbagliati. E se non foste mai sbagliati? C'è sempre qualcosa di più grande in voi. Come sarebbe se usaste questo strumento e aveste la consapevolezza di qualcosa che non eravate disposti a riconoscere su voi stessi? Creerebbe di più o di meno per il vostro business e per la vostra vita?

Spero che userete tutte le domande di questo capitolo per chiarire le problematiche lavorative e per ottenere l'informazione di cui avete bisogno. Quando le usate con costanza, con consapevolezza, inizierete a fidarvi, in maniera ancora più forte, di ciò che sapete. Questo significa più soldi, più divertimento e più gioia del *business*!

Chi è la persona che ne sa di più? Tu!

Immaginate come sarebbe il vostro business se vi fidaste di voi stessi.

Capitolo 19

Scegliere per te

Molte persone mal identificano la consapevolezza. Pensano che la consapevolezza sia creata dal trarre conclusioni, essere nel controllo e nel giudizio piuttosto che fare una scelta e formulare domande. Funzionare dalla conclusione è: "Questo è il modo in cui noi lo facciamo. Questo è il modo in cui le cose devono essere fatte. Non facciamo alcun cambiamento qui: ha funzionato l'ultima volta, quindi abbiamo intenzione di farlo nello stesso modo anche questa volta."

Ipotizziamo che siate a una fiera espositiva e avete uno stand. Partire dalla conclusione e dal controllo sarebbe: "L'anno scorso siamo andati alla grande, la bancarella è stata grandiosa. Quest'anno dobbiamo essere nello stesso posto, e dovremmo fare le stesse cose perché è ciò che ha attratto le persone l'anno scorso." C'è qualche spazio per la consapevolezza e per il cambiamento con questo approccio? No!

Funzionare dalla consapevolezza sarebbe: "L'anno scorso la fiera espositiva è stata grandiosa, andrà bene anche quest'anno o c'è qualcos'altro che dovremmo rivedere?" Non è stata tratta alcuna conclusione. Siete disposti a partecipare alla fiera e siete anche disposti a non andarci. Siete disposti affinché sia anche molto differente dall'anno scorso.

Decisione o Scelta?

Le persone confondono spesso la decisione con la scelta. Ciò è particolarmente vero quando le decisioni sono profondamente radicate nella loro famiglia, nella loro cultura o nel loro settore. Una decisione è collegata a un giudizio, è: "Questo è ciò che sto facendo!" Boom! Questo è. Non c'è cambiamento possibile. Una decisione chiude la porta alla possibilità. Non c'è nient'altro che può essere fatto. Una scelta, d'altra parte, è qualcosa che puoi cambiare in un secondo.

Un partecipante ad una classe di Access Consciousness® in Italia disse: "Vivo in un posto in cui la gente viene in vacanza d'estate, quindi lavoro solo durante l'estate. Non ho nemmeno bisogno di una macchina, ma a causa di ciò non sono in grado di andare in altri posti per trovare più lavoro. Come posso cambiare questo?"

La mia risposta fu: "Scegli!" La scelta crea consapevolezza, la consapevolezza non crea la scelta. C'è tutto un intero pianeta là fuori e solo perché sei nato in Italia, in un bellissimo posto di villeggiatura estivo, non significa che tu ci debba stare. Puoi cambiare qualunque cosa. "La scelta crea consapevolezza" significa che crei consapevolezza di cosa che sia possibile quando fai una scelta. Apri la porta a nuove possibilità e nuovi modi di fare le cose. Se non fai una scelta non avrai mai la consapevolezza di che cos'altro può mostrarsi.

Se dici: "Non posso trovare più lavoro perché_____", ogni cosa dopo il perché è una giustificazione per la quale tu non stai scegliendo qualcosa di più grande, quindi non credo alla tua storia, né alla storia di altri sul perché loro non possono avere ciò che vorrebbero avere nelle loro attività e nella loro vita.

La gente, spesso, fa questo tipo di giustificazione. Recentemente parlavo con una donna che vive in una remota parte dell'Australia: continuava a dire che il suo isolamento era la ragione per la quale non poteva creare il suo *business*.

Le chiesi: "Come sarebbe se tu non usassi il posto dove vivi come una giustificazione per cui non puoi fare la tua attività? Non devi, per forza, spostarti per creare il tuo business. Guarda cosa è disponibile per te. Cosa ne dici dei social media? Fai un blog, vai a parlare alla radio, apri una pagina Facebook, vai su Twitter, fai qualsiasi cosa ci voglia. Fai una Telecall. Che cosa puoi istituire che espanderebbe la tua attività oggi, non importa dove tu sia?"

Non usare le decisioni e le giustificazioni. Fai domande:

+ **Quale limitazione ho creato?**
+ **Che cosa mi piacerebbe veramente?**
+ **Che cosa dovrei cambiare - e posso cambiarlo?**
+ **Che cosa sto rendendo più di valore del successo che potrei scegliere?**

La Scelta Crea Consapevolezza.

Sto Scegliendo Per Me Qui?

Ho parlato con un'artista che si è trasferita in Svizzera dal Canada: stava cercando un posto per aprire uno studio-galleria lì. Sperava di avere uno studio da raggiungere a piedi o in bicicletta e trovò un posto che le piaceva tanto: era ad appena due minuti da casa. I suoi amici le dicevano: "Questa è un'area residenziale: nessuno ti troverà mai qui, nessuno verrà a vedere la tua arte o frequenterà le tue classi."

Lei mi disse: "Io ne so di più di loro, ma ogni volta che penso a ciò che hanno detto i miei amici, vado in confusione."

Le chiesi: "Verità, sei finita nelle proiezioni della gente che questo non potrà mai funzionare?"

Rispose: "Sì."

Dopo aver fatto qualche pulizia assieme, vide che poteva fidarsi di se stessa. Mi disse: "Nel passato, ho sempre creato uno spazio dove ero a mio agio a lavorare e ho sempre avuto successo. Non ho mai chiesto agli altri le loro opinioni su cosa stessi facendo e non ho bisogno di farlo ora."

Quando scegliete per voi, ogni cosa finirà per trovare il proprio posto. Quando scegliete contro di voi, o quando scegliete per qualcun altro, le cose iniziano a distruggersi.

Chiedete:

+ Sto scegliendo per me qui?
+ Sto scegliendo per la mia attività qui?
+ Che cosa richiede la mia attività?
+ Che cosa richiedo io?

Recentemente ho saputo di un'azienda che non andava bene: i tre proprietari sapevano che c'erano da fare dei grandi cambiamenti. Due di loro stavano cercando di chiudere l'attività o di poterla vendere, anche perdendoci. Il terzo disse: "Ho intenzione di far crescere questa compagnia! Questo business può funzionare!" Egli scelse per sé e decise che, nonostante quello che dicesse chiunque altro nel *business*, egli avrebbe fatto in modo che l'attività avesse successo. Non era disposto a credere al punto di vista degli altri, era disposto a essere il *leader del business* e nella sua propria vita. La sua esigenza che l'attività continuasse aprì uno spazio differente e delle possibilità differenti. In tre settimane le cose iniziarono a funzionare. L'attività iniziò a ricevere più ordini e i soldi iniziarono ad arrivare. Questa persona scelse per sé stesso: non era disposto a rendere il punto di vista degli altri, circa ciò che poteva creare e generare, più di valore di ciò che sapeva. Quante volte avete fermato voi stessi basandovi sui pensieri di qualcun altro? Ha funzionato per voi rendere qualcun altro più di valore di voi?

Credere al Punto di Vista degli Altri

Molti di noi hanno accettato gli atteggiamenti degli altri sui soldi o sul *business*. Ipotizziamo che i vostri genitori avessero una piccola attività e il loro punto di vista fosse: "Puoi crearti una vita, ma non diventerai mai ricco", oppure che si lamentassero continuamente di quanto duro fosse avere un'attività: tutto avrebbe a che fare col trauma e il dramma dell'essere in affari. Potreste avere accettato questi punti di vista come veri senza dubitare della validità, o, forse, avreste guardato al modo in cui le persone, nel proprio settore, funzionavano e avreste creato dei punti di riferimento basati sulle loro modalità nel fare le cose. Forse avreste preso i loro punti di vista, o i loro atteggiamenti, senza esserne neppure consapevoli.

Quando importavo della merce dall'Asia, la gente mi diceva che avevo scelto un lavoro che richiedeva lunghe ore e che avrei lavorato molto duramente. Era parecchio divertente considerato tutto il tempo che passavo in spiaggia. Sapevo che potevo fare le cose in modo diverso, fortunatamente non ho mai creduto a quei punti di vista! Anche qualora voi aveste creduto ai punti di vista degli altri, potete discrearli e distruggerli. Come si fa? Usate la frase di pulizia!

La vostra famiglia, i vostri amici o soci vi dicono che non potete essere un multi-milionario ed avere tutto? Proiettano su di voi l'idea che non ce la farete mai? Che non sarete in grado di avere successo? O proiettano, su di voi, che avete troppi affari o progetti allo stesso tempo? Non dovete per forza credere a questi punti di vista. Potete avere tutto, potete avere successo, potete farcela, e potete avere tutti progetti e gli affari che volete! Credetemi, potete! Voi create la vostra realtà e create il vostro *business*.

Che Cosa Significa il Business per Te?

Quando facilito le classi della "Gioia del *Business*" spesso chiedo ai partecipanti domande del tipo: "Che cosa significa il business per te? o "Che cos'è il business per te?" Dico: "Per favore, non pensate alle vostre risposte, richiamatele in superficie anche se vi appaiono folli: questi sono i punti di vista che vi stanno limitando."

Recentemente ho chiesto, in una classe: "Che cosa succederebbe se tu facessi tanti soldi?" Una donna rispose: "Sarei mortalmente scocciata e vorrei uccidere le persone." Qualcun altro disse: "Guarderei tutti dall'alto in basso, e questo mi spaventa. Ho paura che mi taglierebbero la testa" Qualcun altro disse: "Sarei libera!" Aveva già deciso che se avesse avuto tanti soldi nella sua vita sarebbe stata libera, ma come sarebbe se fossimo già liberi? Una volta che le risposte vengono palesate chiedo alla gente di distruggerle e screarle. Questo può creare, nelle persone, dei grandi cambiamenti e delle consapevolezze maggiori per le loro attività e per le loro vite

Provate voi stessi. Scrivete la vostra risposta alle seguenti domande:

Che cosa significa il business per te?

1. _____

2. _____

3. _____

4. _____

5. _____

6. _____

Ora usate la frase di pulizia, distruggete e screate le vostre risposte: tutto quello che ciò è, saresti disposto a distruggere e screare tutto per dioziliardi di volte?   Giusto, sbagliato, bene, male, Poc e Pod, tutti 9, shorts, boys and beyonds.

Chi Sto Essendo Qui?

Un giorno, mentre stavamo facendo questo esercizio, una donna disse: "Mi sono appena resa conto che la maggior parte dei punti di vista che ho espresso non sono miei: sono di mio padre. Vedo me stessa mentre faccio come mio padre, non so come separarmi da lui."

Le chiesi: "Per caso, non sai come separarti da lui o non sei disposta a sapere veramente chi sei?" Poi dissi: "Se scopri che così tanti punti di vista, che hanno a che fare col *business* e i soldi, sono di tuo padre allora ogni qualvolta hai a che fare con il *business* o i soldi chiedi:

✦ **Chi sto essendo qui?**

So di qualcuno che lo ha fatto con sua madre: sentiva che non voleva essere come sua madre e, ironia della sorte, era proprio come lei. Ha usato questa domanda per diversi giorni.

Faceva qualcosa e poi si chiedeva: "Chi sto essendo?" "Oh! Sto essendo mia mamma." Distruggeva e screava tutto ed esigeva che tutto questo cambiasse. E cambiò. Disse: "Non sto più credendo dal punto di vista di mia madre, su ciò che dovrei essere e ciò che dovrei fare; su ciò che dovrei avere e su ciò che dovrei creare."

Quando asserisci: "Non voglio fare *business* come mio padre", in realtà, stai chiedendo quella situazione che non vuoi: questo perché la parola *volere* originariamente significava *scarsità*. Tu stai dicendo: "A me non manca fare business come mio padre", oppure "Ho abbondanza di fare *business* come mio padre." Le vostre parole creano la vostra realtà: se continuate a dire che non *volete* qualcosa, indovinate un po'? Lo state creando! Usate, invece, la domanda: "Chi sto essendo qui" e una volta che diventate consci che state credendo al punto di vista di vostro padre distruggetelo e screatelo.

Esercitatevi a Scegliere Per Voi Stessi

Esercitatevi a scegliere per voi stessi. Iniziate con un piccolo passo. Chiedete:

+ C'è qualcosa che sto scegliendo per qualcun altro piuttosto che per me stesso?
+ Verità, che cosa mi piacerebbe scegliere qui?
+ Verità, questa scelta mi fa sentire più leggero?

Come sarebbero il vostro *business* e la vostra vita se veramente sceglieste per voi? Sto parlando della consapevolezza in ogni cosa: consapevolezza nel *business* e consapevolezza nella vostra vita di tutti i giorni. State limitando la vostra vita, il vostro vivere, la vostra realtà e il vostro *business* a causa del punto di vista di qualcun altro? É arrivato il momento di cambiare tutto questo e scoprire ciò che potrebbe davvero funzionare per te? Benvenuti nell'avventura del vivere e del fare *business*!

A Chi Appartiene Questo? É Mio?

Le domande: "A chi appartiene questo?" ed "É mio?" vi invitano a diventare consapevoli del fatto che state provando emozioni o avendo pensieri che non sono vostri. Non posso sottolineare a sufficienza l'importanza di queste domande. Perché? Perché il 99% dei pensieri, sentimenti ed emozioni che avete non sono vostri.

Un giorno ero a casa di un mio amico a Melbourne, in quanto stavo per facilitare alcune classi di Access Consciousness® là. Era un lunedì mattina, avevo il muso lungo e pensavo: "Non posso credere di dover andare a lavorare; devo fare questo, devo fare quello. Devo prendere il treno." Tutto ad un tratto esclamai: "Aspetta un secondo! Io non lo devo nemmeno prendere, il treno!" Usai lo strumento di Access:

+ A chi appartiene questo?

Realizzai che quei pensieri, sentimenti ed emozioni non erano nemmeno miei. Appartenevano a ogni singola persona che si stava svegliando il lunedì mattina e che si stava preoccupando di dover andare al lavoro. Appena fatta la domanda ebbi la consapevolezza che io amavo ciò che stavo facendo. Improvvisamente ebbi un sacco di energia ed ero più presente a me stessa, nella gioia e nella facilità che io sono.

Se state andando a un appuntamento e siete nervosi, preoccupati oppure a disagio, chiedete: "A chi appartiene questo?" Potrebbe appartenere all'amministratore delegato che sta seduto all'estremo opposto della scrivania. Potrebbe appartenere a un membro del consiglio, potrebbe appartenere a un collega che sta seduto di fianco a te. Non devi scoprire a chi appartiene, tutto ciò che hai bisogno di fare è avere la consapevolezza che non è tuo, perché, come ho detto, il 99% dei pensieri, sentimenti ed emozioni che hai non sono tuoi.

Ecco un esercizio che cambia la vita. Per i prossimi tre giorni, tutte le volte che hai un pensiero, sentimento o emozione chiedi: "A chi appartiene questo?"

Quando fate la domanda, potreste scoprire che la sensazione si alleggerisce e cambia. Questo indica che, fin dal primo momento, il pensiero, sentimento o emozione non era vostro. Quando accadrà, avrete più consapevolezza su ciò che vorreste davvero generare e creare nel vostro lavoro e nella vostra vita. Ricordate: se è leggero è vero. Se è pesante è una bugia.

**Quando scegliete per voi, può arrivare
qualcosa di più grande.**

Capitolo 20

Scegli la consapevolezza, non le agende segrete

Le agende segrete sono decisioni che prendiamo, o conclusioni che traiamo, delle quali non siamo nemmeno cognitivamente consci. Per esempio, potresti aver fatto qualcosa nella tua attività e aver poi deciso: "Non farò mai più questo!" Oppure potresti aver lavorato in un certo settore e concluso: "Questo è il modo in cui deve essere fatto. Questo è il modo in cui deve essere un *business*." Tutte queste diventano *agende segrete*. Potresti aver preso queste decisioni in un momento precedente della tua vita ma, spesso, sono state prese nelle vite precedenti.

Per esempio, ipotizziamo che, in una vita precedente, voi siate stati un pittore: amavate creare i vostri quadri, ma non siete riusciti nemmeno a guadagnare quel tanto per sopravvivere. Questo ha reso la vostra vita così misera che avete concluso che non avreste avuto mai più a che fare con l'arte, perché non vi avrebbe mantenuto.

Ed eccovi in questa vita e indovinate un po'? Siete estremamente attratti dall'arte. Amate i quadri e le sculture e trovate un lavoro meraviglioso in una galleria d'arte, ma non riuscite a vendere nulla perché avete un'agenda segreta: avete deciso che l'arte non vi può mantenere.

Oppure, probabilmente, nella vostra vita precedente siete stati pagati generosamente per aver creato qualcosa e avete deciso: "Ha funzionato bene, lo rifaccio!" In questa vita stai creando qualcosa di simile e stai aspettando che i fondi arrivino nello stesso modo. Non capisci perché i soldi non siano arrivati. Ti chiedi: "Ehi, dove sono i soldi? Sto facendo quello che ha funzionato precedentemente, ma i soldi non arrivano. Che cosa sta succedendo?" E poi, quando non appaiono, cosa fai? Ti giudichi perché i soldi non si materializzano.

O forse speravi di lavorare in proprio, ma ti hanno detto che non puoi perché sei una donna. Ti piacerebbe avere un'attività intestata direttamente a te ma non sei in grado di avviarla. Che cosa ti trattiene dal farlo? Non te ne rendi conto, ma hai assunto i giudizi e le proiezioni che ti sono stati indirizzati e hai deciso che una donna non può avere successo negli affari. In altre parole: hai un'agenda segreta. Potrebbe derivare da un lontano momento giovanile della tua vita attuale, oppure potrebbe derivare da una vita precedente. Non ha importanza: le agende segrete ci limitano e le abbiamo rese così segrete che nemmeno noi sappiamo nemmeno quali siano. Fortunatamente non è difficile averci a che fare, se desiderate distruggerle e screarle.

Qual è La Tua Agenda Segreta?
Se qualcosa non sta funzionando nella tua attività, chiedi se, da qualche parte, ci sia un'agenda segreta.

Quale agenda segreta ho creato che mantiene tutto ciò che non posso cambiare, scegliere o istituire? Tutto quello che ciò é distruggo e screo per dioziliardi di volte?

Giusto e sbagliato, bene e male, Poc e Pod, tutti nove, shorts, boys e beyonds.

Tu sei colui il quale ha il potere di cambiare un'agenda segreta.

É tua la scelta. Nessun altro lo può fare per te.

Agende Segrete nella Vostra Attività

Alcune volte i datori di lavoro sono riluttanti nell'assumere personale o ad avere un socio in affari perché temono potenziali disaccordi, conflitti o problemi. È questa una delle cose che vi ha impensierito? Che cosa succederebbe se non andaste d'accordo con quella persona? E se non foste in sintonia? Che cosa succederebbe se quella persona avesse un'agenda segreta che va in conflitto con la vostra?

Se avete un'attività, dovete scoprire se avete un'agenda segreta.

Chiedete:

+ **Qual è la mia agenda segreta con la mia attività?**

E se lavorate con qualcun altro, vi suggerisco di scoprire se lei o lui abbiano un'agenda segreta. Chiedete:

+ **Qual è la sua agenda segreta con me?**
+ **Qual è la sua agenda segreta con l'attività?**

Non avete bisogno di includere la persona nella discussione: è qualche cosa che serve a voi affinché ne siate consci. Io faccio questa domanda riguardo alle persone con cui lavoro: mi dà informazioni ed aumenta la mia consapevolezza. Usare la frase di pulizia alla fine di ogni domanda aumenterà la vostra consapevolezza ancora di più e vi darà una più grande chiarezza in merito alle vostre scelte.

Per esempio, potreste scoprire che la vostra socia vuol essere riconosciuta come una grande donna d'affari. Questo è ciò che vorrebbe. Se la sua agenda segreta funziona anche per voi, inevitabilmente contribuirà alla società. Così potreste domandare: "A che cosa posso contribuire affinché sia conosciuta come una grande donna d'affari?" Se venisse premiata come la donna d'affari dell'anno, potreste dire: "Perfetto! Come posso contribuire a questo?" Se voi aveste intenzione di essere una competitiva cagna indemoniata giunta dall'inferno, potreste dire: "Perché non hanno nominato me? Avrei dovuto riceverlo io, il premio!" Questo che cosa creerebbe? Inizierebbe a distruggere il business, piuttosto che aggiungervi qualcosa. Se contribuire all'agenda segreta della tua socia contribuisce ai tuoi affari, allora avrai successo quando ne avrà lei.

Ammettiamo che il vostro socio sia un *connector* favoloso e che amerebbe essere una star: vorrebbe essere davvero molto famoso. Scoprite se questo potrà contribuire alla vostra attività: magari vi presenterà qualche meraviglioso contatto che aiuterà a espandere il vostro *business*! Quando siete consapevoli delle agende segrete delle persone, potete contribuire alle loro mosse, le quali, a loro volta, contribuiranno alla società.

Fate semplicemente la domanda:

+ **Come posso contribuire?**

Se l'agenda segreta del vostro socio o del vostro impiegato non funziona per voi, scoprite se essi stiano davvero contribuendo all'azienda. La loro agenda segreta distrugge l'impresa? Una volta che lo sapete, avrete più informazioni e più consapevolezza. Saprete uno dei loro segreti oscuri. Se la loro agenda segreta non distrugge nulla, chiedete: "Come posso usarla?" Potreste non avere, oggi stesso, la chiarezza di come potete usarla, ma potreste averla tra un mese o tra un anno. Ricordate: più siete consapevoli, più informazioni avrete.

Siete in Conflitto con Qualcuno?

Se state avendo un conflitto o un problema con qualcuno con cui lavorate, potreste voler fare queste domande e usare la frase di pulizia per distruggere e screare tutto ciò che viene a galla.

+ *Quale agenda segreta ho con_____?*
+ *Quale agenda segreta ha_____ con me?*
+ *Quale agenda segreta ha_____ con (il nome del vostro business)?*
+ *Quale agenda segreta ho con _____(il nome del vostro business)?*

Successo: Potete Saltare Più in Alto di Una Pulce?

Tanto tempo fa, fu fatto un esperimento con le pulci. I ricercatori avevano messo delle pulci in scatole di vetro trasparente. Le pulci cercavano di saltare fuori dalle scatole e si scontravano col soffitto di vetro, ricadendo a terra: non aveva importanza quanto in alto saltassero, non potevano uscire. Quando finalmente i ricercatori tolsero il coperchio di vetro dalle scatole, osservarono che le pulci continuavano a saltare alla stessa altezza precedente: non riuscivano ad eliminare i *muri*, nonostante la possibilità fosse ora disponibile. Interessante, vero? E voi, avete creato il vostro *muro di vetro* personale che non siete disposti a superare saltando? Avete deciso: "Non posso avere più successo dei miei genitori o amici o fratelli e sorelle?" Oppure: "Non posso farlo perché sono una donna, o un uomo, o perché sono troppo giovane o troppo vecchio?" Queste sono tutte agende segrete che mantengono ciò che non potete cambiare.

C'è una somma di soldi che avete deciso che è troppo scomodo avere? Anche questa è un'agenda segreta. Che cosa ci vorrebbe per cambiare questo? Un giorno, dopo aver passato molto tempo in rosso, stavo seduta davanti al mio computer saldando fatture. Ho guardato il mio conto in banca e ho esclamato: "Wow! Non ho più debiti!" Le mie carte di credito erano coperte, avevo soldi nel conto della mia attività e soldi sul mio conto personale. Pensai: "Oh, quindi è così che ci si sente quando non si hanno più debiti. Dov'è la banda che suona? Dove sono i fuochi d'artificio?" Pensavo che essere libera dai debiti sarebbe stata una grande cosa. E invece non lo era. Tutto sommato era: "Oh, ora ho soldi. Non devo dei soldi."

Circa un mese dopo, mentre guardavo la mia contabilità, vidi che ero di nuovo in rosso. Mi chiesi: "Che cos'è successo qui?" Realizzai che ero più a mio agio nell'avere debiti piuttosto che avere soldi. Il soffitto era stato tolto dalla mia scatola di vetro, ciò nonostante non stavo ancora saltando liberamente. Facendo domande e usando la frase di pulizia scelsi qualcosa di diverso. Dichiarai l'esigenza: "Costi quel che costi, intendo avere soldi in banca: ho intenzione di avere molti più soldi di quanto abbia mai immaginato fosse possibile." E fu proprio ciò che iniziò ad avvenire.

Date uno sguardo alla vostra vita e ai soldi che avete (o che non avete). Quante volte scoprite che avete più bollette che soldi? Vi bastano mai? State funzionando da un'agenda segreta? Vi siete allineati con tutte le persone che vi circondano: tutti quelli che stanno pagando i mutui, che chiedono prestiti per le loro attività e stanno pagando i debiti delle carte di credito?

State cercando di essere normali, mediocri e veri? Vi sembra più comodo essere come tutti gli altri, piuttosto che saltare fuori dalla scatola di vetro?

Sareste disposti ad essere così differenti quanto in realtà siete e funzionare dalla totale consapevolezza?

Se siete disposti a funzionare dalla totale consapevolezza, il vostro business cambierà.

Capitolo 21

Che cosa richiedono le persone?

Ripensando ai giorni in cui compravo la merce in India, mi tornava spesso in mente il contrasto dell'essere una donna che fa affari. Molti uomini indiani non erano a proprio agio nel fare business con una donna e, a volte, dicevano le cose più strane. Erano alquanto sicuri che io non potessi mai avere successo e, spesso, pensavano alla donna bianca come a una ...mmm, diciamo solo "facile", perché abbiamo rapporti sessuali prima del matrimonio. Così prestavo attenzione solo a cosa fosse richiesto per fare affari con loro. Stavo attenta a come mi vestivo, a ciò che dicevo e al modo in cui facevo *business*. Quando capirono che ero io quella che aveva i soldi e che intendeva comperare oggetti, inghiottirono il loro orgoglio, ebbero a che fare con me in modo educato e mi servirono tazze del tè più dolce del mondo. Finimmo per trovarci sempre bene. Ero disposta a percepire e a soddisfare ciò che richiedevano, non dalla resistenza e dalla reazione, ma dalla consapevolezza e sapendo che avrei avuto ciò che richiedevo. Fa tutto parte della manipolazione e del divertimento di essere la gioia del *business*.

A volte, anche in Australia e negli Usa, ho incontrato degli uomini che non si trovano bene a lavorare con le donne. Non ho alcun punto di vista in merito: se un uomo non è a suo agio a lavorare con me in quanto donna, sono disposta a fare tutto ciò che serve per farlo sentire a suo agio. Riguarda scoprire ciò che le persone richiedono. Tempo fa, andai ad un incontro di lavoro a Los Angeles con un collega di sesso maschile che prestava capitali privati. L'uomo con cui avevamo appuntamento disse, per tre volte, che non aveva problemi a fare affari con una donna. Non appena il mio socio ed io uscimmo dal meeting, mi girai e gli chiesi: "Hai capito, vero, che a quel tizio non piace fare affari con una donna?"

"No", rispose: "Non c'ero arrivato ."

Io dissi: "Se non hai problemi a trattare con una donna, non ti serve ripeterlo tre volte: non hai proprio bisogno di dirlo! Ma è un bene. Adesso abbiamo il coltello dalla parte del manico perché sappiamo che cosa è richiesto. Lo useremo. D'ora in avanti, è un tuo contatto."

Quali Sono le Regole dell'etichetta?

E' importante conoscere ciò che i tuoi partner d'affari desiderano, in particolar modo quando state lavorando in altri paesi e con altre culture. Siate disposti a vedere ciò che le persone e le altre culture richiedono riguardo al fare affari.

Un collega ed io, recentemente, abbiamo speso la giornata partecipando a riunioni di lavoro in Corea: ho così imparato che le persone in Corea amano creare dei rapporti molto amichevoli quando trattano affari.

Amano lavorare con persone che considerano amici, così abbiamo avvicinato un potenziale cliente nella maniera più congeniale. Dopo il nostro *meeting*, mandai subito una *e-mail* cordiale, in cui lo ringraziavo dell'incontro. Era importante per me essere amica di quest'uomo? No.

Tuttavia, se lui spera di avere un rapporto d'affari amichevole, questa è una cosa che posso soddisfare. Ai coreani piace anche avere dei *meeting* di durata più breve, ma più frequenti, desiderano trovarsi a intervalli regolari e mantenere contatti frequenti, per cui noi eravamo disposti a fare anche questo.

Quando ero alla riunione con il nostro cliente coreano, starnutii. Il coreano mi guardò ed educatamente disse: "Salute."

Risposi: "Grazie," ma l'atmosfera si fece disagevole. Pensai: "Wow, che cos'è quest'energia che è appena salita?"

Il mio collega aveva grande esperienza di affari in Corea, quindi, dopo quel meeting gli chiesi: "Che cos'è successo?"

Mi rispose: "In Corea si pensa che tu non debba starnutire in pubblico."

Chiesi: "Come fai a non starnutire?"

Rispose: "Non lo fai e basta. É considerato molto scortese."

Avete bisogno di scoprire quali siano le regole dell'etichetta dei posti in cui conducete affari. La buona educazione e gli stili di comportamento variano molto da paese a paese. In India, per esempio, va bene sputare per strada, mentre a Singapore, puoi venir multato di $ 200 se lo fai.

I francesi e gli italiani si salutano l'un l'altro con baci su entrambe le guance, inglesi e americani tendono a darsi la mano, i giapponesi si fanno l'inchino a vicenda.

Ti serve sapere ciò che è richiesto, così da poter creare un senso di facilità con le persone. Il miglior modo per scoprirlo è fare domande:

+ **Che cosa richiedono queste persone da me?**
+ **Che cosa onora loro e che cos'altro onora me?**
+ **A che cosa devo contribuire qui, affinché si instauri un buon rapporto d'affari?**

Una volta, in India a una riunione di lavoro con circa 12 persone, mi servirono un té indiano che non mi piaceva. Non puoi dire: "No grazie, non lo voglio". Lo devi accettare. Tentai di risolvere la faccenda bevendo il té velocemente e mettendo subito dopo in bocca uno dei dolci che avevano servito. Ciò che non sapevo era che stavo dando l'impressione che mi piacesse molto e che ne volevo ancora, così mi riempirono subito nuovamente la tazza. Avrei dovuto scoprire quali fossero le abitudini e sorseggiarlo lentamente! Avrei dovuto chiedere: "Che cosa è richiesto qui?

Uno dei miei fornitori in Nepal, una volta, organizzò una grande festa con cena in mio onore.

Sgozzarono una capra: le tagliarono la gola, il sangue usciva copioso e lo raccolsero in una coppa (a quell'epoca ero quasi totalmente vegetariana). La parte che viene considerata la più deliziosa della capra è il grasso, così frissero pezzi del grasso della capra e li misero in scodelle di latte fresco della capra stessa. Pensai: "Oh no, state scherzando?" Dato che non volevo mancare loro di rispetto, dovetti ricevere il loro dono. Bevvi il latte tiepido e mangiai il grasso della capra. Un'amica che stava viaggiando con me filmò l'evento e lo trovò estremamente divertente perché sapeva esattamente ciò che mi stava passando per la testa. Al di là di tutto ho il punto di vista che imparare ciò che è richiesto nelle culture differenti sia parte dell'avventura e della gioia del business e del vivere.

Che Cosa Dovresti Indossare?

Scoprire ciò che è richiesto si applica anche al modo in cui ci si veste. In tutti gli incontri d'affari a cui andate, non importa dove si tengano, c'è l'aspettativa su come dovreste vestirvi.

Che cosa è richiesto per creare il giudizio su di te che li renderà desiderosi di ricevere te e il tuo *business?* Per esempio, nonostante i costumi stiano ora cambiando, all'epoca in cui facevo affari in India, le donne non mostravano le spalle, le ginocchia o i gomiti.

Di sicuro non esibivano la scollatura, ma non avevano problemi a mostrare l'addome. Ho sempre prestato attenzione a questi costumi e a queste aspettative. Prima che andiate a una riunione di lavoro, anche se si tiene in un paese occidentale, dove potreste presumere di sapere che cosa indossare, informatevi sulla cultura dell'azienda.

Come si vestono? Che cosa è richiesto? Sono richiesti i tacchi alti? É richiesto l'abito o la cravatta? Puoi indossare diamanti o perle?

Mi è stato detto che quando una delle più grandi compagnie aeree australiane fa il colloquio di lavoro per il posto di *hostess*, gli esaminatori chiedono alle donne di alzarsi e di girarsi lentamente, e guardano i tacchi delle loro scarpe.

Il loro punto di vista è che se i tacchi delle signore sono ben curati e non rovinati significa che la persona si prende cura di se stessa: è una buona candidata per il lavoro. In maniera simile, sono le piccole cose come questa che possono fare una grande differenza nel modo in cui la gente si connette a te.

Ovunque tu vada, è essenziale che tu scopra ciò che è richiesto, in quanto questo creerà e genererà successo per te e per il tuo lavoro.

Crea una connessione energetica con le persone e mantienila saldamente.

Capitolo 22

Manipolazione
con l'energia

A volte, nelle mie classi di *Joy of Business*, chiedo alle persone:
"Quanti di voi si occupano di qualche sorta di vendita?" A quel
punto un certo numero di mani si alza e poi dico: "Voi tutti
dovreste alzare la mano, perché tutte le attività hanno a che
fare con la vendita e con il creare una connessione con la gente".
Il vostro business, non importa quale sia, dipende dal creare
una connessione con la gente e dal vendere il vostro prodotto
o servizio.

Tiri di Energia

Uno degli strumenti che potete usare per connettervi con le
persone, per avere più clienti o per vendere di più è usare i *tiri
di energia*. I tiri di energia sono un modo per raggiungere le
persone energeticamente e renderle interessate a voi, ai vostri
prodotti o ai vostri servizi.

Ecco come si usano:

+ Sintonizzatevi con l'energia del vostro *business*, progetto,
prodotto, servizio o qualunque sia la cosa che volete
espandere.

+ Ricordate: voi non c'entrate! Si tratta di una entità distinta.

- Tirate enormi quantità di energia nel vostro *business*. Come si fa? Semplicemente facendolo!
- Poi: tirate quantità enormi di energia, da chiunque dal mondo intero, all'interno del vostro *business* e continuate a tirare l'energia da tutti coloro che lo stanno cercando e da tutti coloro che non sono nemmeno consapevoli che lo stanno cercando. Continuate a tirare quantità enormi di energia.
- Ora, chiedete al *business* di iniziare a equalizzare quel flusso mandando piccoli rivoli di energia a ognuno in tutto il mondo.
- Chiedi al tuo *business* di farti arrivare i soldi.

Se pensate di non sapere di che cosa io stia parlando quando dico "Tira l'energia," osservate i rapporti tra uomini e donne. Avete mai notato che quando un ragazzo è interessato a una ragazza, solitamente, spinge energia verso di lei? Quando la ragazza è interessata a un ragazzo, la maggior parte delle volte, lei tira energia da lui. È semplice.

Ho lavorato con un agricoltore italiano che possedeva un vigneto, voleva che più produttori di vino sapessero dell'esistenza del suo prodotto. Gli spiegai come fare i tiri di energia in questo modo: "Connettiti all'energia dell'uva che cresce e al delizioso vino che produrrà. Ora tira energia da ovunque nel mondo all'interno del tuo vigneto. Una volta che percepisci che questo sta avvenendo, chiedi al vigneto di mandare fuori piccoli rivoli di energia a chiunque sia interessato a contribuire a te, al vigneto e ai tuoi affari".

Tirate energia nello stesso modo se fornite un servizio. Ammettiamo che siate un massaggiatore. Percepite l'energia del nutrimento e della cura che voi invitate per i corpi. Ora, tirate quell'energia dal mondo intero verso la vostra attività e chiedete al lavoro di invitare i clienti perchè si facciano nutrire e coccolare.

Potete anche usare i tiri di energia per attirare l'attenzione delle persone che volete sappiano di voi. Usate i tiri d'energia quando state andando a un incontro con dei potenziali clienti, quando state per contrattare su qualche cosa o quando state per avere un'audizione. Ipotizziamo che stiate per presentare una proposta ad una società. Appena vi svegliate, al mattino del giorno stesso dell'incontro, iniziate a tirare enormi quantità di energia da tutti coloro che saranno presenti, che siano i dirigenti, i manager o l'amministratore delegato. Non dovete nemmeno sapere chi essi siano. Quando tirate energia dalle persone, questo crea un senso di fiducia in loro. Poi, quando entrate dalla porta, loro hanno la percezione di conoscervi già. Avete il controllo. Avete la loro attenzione e avete già creato una connessione con loro.

Potete usare i tiri di energia anche quando un cliente ha un ritardo nel pagare una fattura. Quando tirate energia dalle persone che vi devono del denaro, tutto a un tratto non saranno più in grado di pensare ad altro e presto vi manderanno un assegno per il denaro che vi devono. I tiri di energia sono manipolazioni? Si, lo sono. Se non sei disposto a manipolare con l'energia, finirai per essere manipolato.

Guardare all'Energia di Ciò Che É Richiesto.

Vendere, negoziare un contratto, chiudere l'affare, spesso dipendono dalla maniera in cui trattate con l'energia. Avete mai sentito dell'inarrestabile magnate britannico, Sir Richard

Branson? Egli possiede più di quattrocento compagnie, inclusa la *Virgin Records* e la *Virgin Atlantic Airways*. È coinvolto in molti progetti umanitari e per l'ambiente, in tutto il mondo, e ha scritto alcuni libri favolosi. Nella sua autobiografia, *Losing my Virginity* (*Perdere la verginità* [n.d.r.]), Branson dice: "Il mio interesse nella vita deriva dal pormi enormi, apparentemente irraggiungibili, sfide e provare a superarle."

Branson guarda all'energia di potenziali progetti e affari e, quando sa che qualcosa è possibile, semplicemente rifiuta di accettare un *no* come risposta. Non c'è una sola briciola di lui che crede al *no*: non è né interdetto né bloccato dal *no*. Allo stesso tempo, non si preoccupa dell'esito. Quando Branson riceve un no, semplicemente chiede di nuovo. Se riceve un altro *no*, egli chiede di nuovo. E di nuovo. Pone anche a sé stesso domande del tipo: "Che cosa posso fare differentemente?" oppure "Che cosa richiedono da me per ottenere un sì?" Questo è il tipo di approccio con cui anche voi dovreste giocare.

Che cos'è che Branson fa bene? Vive nella domanda: non si preoccupa del risultato. È disposto a essere famoso, è disposto a essere ricco, è disposto a essere povero, è disposto a essere giudicato, è disposto a fallire ed è disposto ad avere un sacco di divertimento facendolo. Lui vive la gioia del *business*.

Come sarebbe la gioia del business per te?

Capitolo 23

Gestisci gli affari come un uomo o come una donna?

Ci sono due differenti modi di fare e trattare gli affari: il modo degli uomini e il modo delle donne. Non importa in quale corpo sia la persona: spesso un uomo tratterà gli affari come una donna, oppure una donna gestirà gli affari come un uomo; il modo degli uomini è diretto, vuole andare dritto al punto e dare o ricevere informazioni. L'uomo dirà: "questo, questo e quest'altro" ed è fatta. Il modo delle donne è di parlare delle cose a lungo. Lei vorrà discutere su come potrebbero funzionare le cose e su quali siano i suoi sentimenti in merito al progetto.

Un giorno stavo scrivendo una *e-mail* d'affari. Casualmente Gary la lesse da sopra la mia spalla e chiese: "A chi stai mandando quell'*e-mail*? Ad un uomo o ad una donna?".

Risposi: "Una donna".

Mi disse: "Tu la stai trattando come fosse un uomo. Le stai dando solamente le informazioni che le servono. É il modo in cui funzionano gli uomini. Loro vogliono solo sapere: "Possiamo o non possiamo farlo?" Devi comunicare in modo differente con una donna. Loro desiderano discutere le cose più a fondo."

Io tendo a essere più come un uomo negli affari e, ogni tanto, entro in conflitto o offendo qualcuno. Vengo fraintesa e chiedo: "Che cosa è successo?" Poi mi rendo conto che stavo trattando qualcuno come un uomo, quando lui o lei voleva fare affari come una donna, allora torno sui miei passi: torno indietro e chiedo loro come si sentano, che cosa hanno fatto nel fine settimana o come si sentano circa il progetto su cui stiamo lavorando. E le cose cambiano istantaneamente.

Come ti piace fare *business*? Preferisci il modo maschile o quello femminile? Dai una occhiata alle persone con cui stai lavorando. Fanno *business* come un uomo o come una donna? Non è un giudizio, non è né sbagliato né giusto: è per la tua consapevolezza, così puoi creare e generare il tuo *business* con più facilità e gioia.

Sei Una Donna In Carriera? Non Devi Essere Una Stronza!

Sei una donna in carriera? Hai pensato che per fare affari devi essere una grande, cattiva e tosta donna in carriera? A volte le donne pensano che devono diventare delle stronze demoniache che vengono direttamente dagli inferi per avere successo negli affari, nulla potrebbe essere più lontano dalla verità! Le donne possono essere delle grandissime manipolatrici negli affari: possono far andare le cose come vogliono loro e trascinare tutti dalla loro parte con le loro idee e piani. Molte volte le donne non capiscono questo e pensano di dover fare le cattive, le meschine affinché vengano fatte le cose, ma non hanno bisogno di farlo perché le cose avvengano. Quando vedo donne che agiscono come se fossero dure e toste mi piacerebbe chiedere loro: "Sapete quanto sarebbero facili le cose per voi se usaste un po' di manipolazione?" Alcune persone vedono la manipolazione come "essere scaltri" o anche un po' truffatori e ciò potrebbe essere, in parte, la sua definizione. Può anche significare gestire una situazione con competenza, facilità e capacità, ed è questo ciò che io intendo.

L'altro giorno ho chiesto ad un ragazzo se avrebbe fatto qualcosa per me. Ho inclinato leggermente la testa, l'ho guardato languidamente ed ho sbattuto le ciglia e lui ha esclamato: "Certo! Farei di tutto per te, specialmente quando mi guardi in quel modo". Sapete una cosa, signore? Potete fare la stessa cosa nel *business*. Anche quando gli uomini sanno che li state manipolando, funziona lo stesso: potete ottenere ogni cosa; ed è divertente (uomini, potete farlo anche voi)!

Recentemente una donna mi ha detto che era ad una riunione d'affari con due uomini. Le cose non si stavano mettendo bene per lei e, d'improvviso, si rese conto che stava rifiutando di giocare il ruolo che avrebbe dovuto svolgere come donna per ottenere ciò che desiderava. Gli uomini erano tipi razionali: uno era uno scienziato e l'altro un produttore. Realizzò: "Posso accennare un pochino la mia scollatura ed essere la donna femminile che sono veramente ed ottenere ciò che desidero." Un po' di scollatura e tirare energia, certo! Quella fu la prima volta che vide quanto potesse essere facile ottenere ciò che desiderava.

Sei Un Uomo D'Affari? Non Hai Bisogno di Fare l'Ufficiale In Comando!

A molti uomini, negli affari, è stato insegnato che devono essere l'ufficiale in comando. Gli uomini vengono costretti, dalla società, ad essere coloro che rispondono di tutto: pensano che gli sia richiesto di essere sempre la figura autoritaria. Negli ultimi 2000 anni agli uomini è stato insegnato a dare ordini e a eseguirli. L'uomo che ha seguito gli ordini, quando raggiunge una posizione di potere, cercherà di far eseguire gli ordini anche agli altri, perché è ciò che egli stesso ha sempre fatto. Questi uomini tendono a prendere delle decisioni discutibili e pretendono che la gente faccia ciò che viene detto loro, ma la difficoltà con quest'approccio è che di questi tempi pochissime persone sono disposte ad ubbidire ciecamente, e comunque tu non vuoi dei seguaci ciechi. Tu stai chiedendo alle persone di essere un contributo. Gli imprenditori veri, persone che riescono veramente ad ottenere che le cose si facciano, hanno più domande ancora nel loro universo. Il loro approccio è: "Che cosa sa questa persona e come può contribuire?"

Ovunque tu non sia stato disposto ad avere la facilità e la gioia dell'essere una donna o un uomo d'affari, per dioziliardi di volte, distruggerai e screerai tutto ora?

Giusto sbagliato, bene male, tutti 9, Poc Pod, shorts boys and beyonds.

Non Siamo Comunque Veramente Uomini o Donne: Siamo Esseri Infiniti!

Capire che vi è un modo di fare *business* come un uomo o come una donna è un grande strumento. È divertente e ti permette di vedere che cosa sia richiesto quando stai facendo *business* con la gente, ma non lasciate che questo punto di vista diventi una limitazione perché, in verità, voi non siete un uomo o una donna in affari: siete un essere infinito.

Se limitate voi stessi nel condurre affari come un uomo o come una donna, non lo state effettivamente facendo dall'espansione di ciò che sarebbe possibile, in quanto state definendo che cosa siete voi o che cosa gli altri siano. Quando fate affari come un uomo o una donna, non c'entrano davvero gli affari, ha solo tutto a che fare con voi stessi. Allora, per favore, usate questa informazione per aiutarvi ad acquisire che cosa sia richiesto, e non rendetela importante.

Tutte le scelte che fate negli affari dovrebbero essere per il Regno di Noi. Se non è così, state escludendo il livello di crescita e cambiamento che sono possibili e state limitando ciò che potete ricevere dagli altri.

La vera potenza del Regno di Noi sta nell'essere capaci di scegliere ciò che funziona per voi e per tutti gli altri.

Capitolo 24

Sii te e cambia il mondo

Molte persone vedono il *business* come una cosa "seria". Spesso, quando entro in una stanza per fare la classe *Joy of Business* (La Gioia del Business), tutti sono solenni e seri. É come se dicessero: "Ora stiamo per parlare di business: è una cosa seria. Che cosa faremo? Un piano marketing? Tratteremo di finanze? Che cosa accadrà?" Il loro atteggiamento verso il *business* rende l'argomento pesante, creano uno spazio contratto e solido per condurre gli affari, piuttosto che uno leggero e gioioso. Generano trauma e dramma attorno al business per renderlo più "reale". Forse credono che se qualcosa è leggero e senza solidità allora non ha valore, non potrebbe essere una cosa divertente, vero? (E invece sì!)

Ovunque non siete stati disposti ad avere un business leggero e pieno di gioia, verità, distruggerete e screerete per dioziliardi di volte? Giusto e sbagliato, bene e male, POD POC, tutti nove, shorts, boys and beyonds.

Sii Te Stesso
Uno dei migliori modi per rendere il vostro *business* gioioso e divertente, che emerge dalla massa e per avere un successo incontrollabile è essere te stesso. Essere te significa avere la tua propria realtà, non importa quale sia. Significa non credere ad

alcun punto di vista altrui. Quando le persone creano e generano un'attività, spesso iniziano con il confrontarsi con ciò che altre persone hanno fatto in un'attività simile, anziché seguire il proprio sapere, guardano ciò che è stato fatto prima, che cosa è stato un successo e cosa un fallimento.

Il nostro approccio agli affari in *Good Vibes for You* non va di pari passo con l'idea che si debba fare ciò che tutti gli altri fanno, e il modo in cui abbiamo creato l'imbottigliamento dell'acqua è un esempio di cosa può succedere quando si genera e crea il proprio *business* basandosi su ciò che tu stesso sai. Recentemente abbiamo sottoposto una proposta al governo del Queensland.

Stavano costruendo degli eco-villaggi e avevano bisogno di qualcuno che fornisse loro l'acqua. In principio si rivolsero ad una delle più grandi compagnie di servizio idrico, ma l'azienda non intendeva firmare un accordo in cui dichiaravano di essere rispettosi dell'ambiente, così l'amministrazione del Queensland invitò altre aziende a inoltrare le proprie proposte.

Noi sottoponemmo una proposta che conteneva una domanda: "Che cosa richiede da voi il pianeta?"

Quando ci recammo ad una riunione con uno dei rappresentanti degli eco-villaggi, egli guardò la nostra proposta d'affari e poi chiese: "Potreste scusarmi per un attimo? Vorrei mostrare questa proposta al resto del direttivo":

Poco dopo, il rappresentante, tornando, disse: "Ho appena incontrato il direttivo. Non abbiamo mai conosciuto una società che facesse la domanda: 'Che cosa il pianeta richiede da voi?' Vogliamo lavorare con la vostra società. Potete firmare l'accordo? Vi pagheremo in 14 giorni".

Quando includemmo quella domanda nella nostra proposta, eravamo disposti ad essere visti come pazzi e diversi e non avere il lavoro. Scegliemmo di essere noi stessi incuranti dei risultati e, a dire il vero, questo ci fece ottenere il contratto. Non stiamo cercando di fare la stessa cosa che tutti gli altri stanno facendo: siamo ciò che siamo, e funziona.

Sii te stesso e cambia il mondo.

Sii te stesso ed espandi il tuo business.

Sii te stesso e lascia che i soldi si mostrino.

Ricorda: i soldi seguono la gioia, la gioia non segue i soldi.

E Se Avessi Perso la Memoria?

Create e generate la vostra attività affinché sia come piace a voi. Non rapportatevi a qualcosa che qualcun altro ha fatto, o anche che voi stessi avete fatto in passato, non importa ciò che la vostra famiglia possa aver fatto, ciò che le altre persone nel vostro settore abbiano fatto. Solo voi potete fare ciò che fate. Potreste vendere lo stesso prodotto come altri ma, quando siete voi stessi, create un'energia attorno al prodotto che fa la differenza. Siete straordinari, unici al mondo. Avete un dono da dare al mondo. É: "Sii te stesso e cambia il mondo" non: "Sii come qualcun altro e cambia il mondo!" Non fate il vostro *business* come tutti gli altri.

E se facessi affari come nessun altro fa?

Non Permettere Mai a Nessuno Di Fermarti

Prima ho menzionato il magnate inglese Richard Branson, che possiede la compagnia *Virgin Atlantic Airways* e molte altre compagnie. Una delle sue creazioni più recenti è la Virgin Galactic, che ha come intento vendere alle persone viaggi nello spazio. A scuola, Brandon, era dislessico. La sua carriera scolastica era scarsa e non andò all'università. Quando era piccolo diceva: "Porterò la gente sulla luna". Potete immaginare cosa pensassero tutti, ora ha delle navicelle spaziali! La sua filosofia è: "Non permettere mai a chicchessia di fermarti".

Come sarebbe stato se Richard Branson si fosse trovato un lavoro "vero" solo perché i suoi amici e la sua famiglia gli dicevano di farlo? Branson ha avuto un enorme impatto sul nostro mondo e, se avesse condotto gli affari così come fanno tutti gli altri, oggi, il mondo, sarebbe alquanto diverso.

Questo è vero per tutti noi. Se Gary Douglas non fosse stato disposto, a qualunque costo, a essere così bizzarro e meraviglioso quale è, non importa che cosa ci volesse, il mondo, oggi, avrebbe un aspetto molto differente. Se non fossi stata disposta ad andare a San Francisco per scoprire cosa fosse Access Consciousness®, il mondo sarebbe diverso. Se il mio amico, Dr. Dain Heer, non fosse stato disposto ad abbandonare l'enorme investimento che aveva fatto sulla sua carriera di chiropratico per approcciare una cosa che gli somigliasse molto di più da un punto di vista energetico e un vero dono per tutti, il mondo, oggi, sarebbe molto diverso.

Che cosa avete rifiutato di essere che creerebbe il cambiamento nel mondo che voi sapete essere possibile? Immaginate l'impatto che potreste avere sul mondo se foste disposti a essere voi, a seguire l'energia e aprire le porte a cos'è possibile?

Ovunque non siete stati disposti a riconoscere la differenza di voi e di quanto potete generare, e di tutto quello che potete fare, essere, avere, creare e generare di voi, lo distruggerete e screerete per dioziliardi di volte? Giusto e sbagliato, bene e male, POD e POC, tutti nove, shorts, boys and beyonds.

Tutto è possibile. L'unica cosa che ti sta fermando sei TU!

Epilogo

Tempo fa qualcuno chiese a Gary Douglas quale fosse la sua definizione di *business*. Rispose: "Il *business* è la gioia di creare ciò che espande la tua vita grazie a ciò che porta il denaro". Come può essere ancora meglio di così? La gioia di creare ciò che espande la tua vita attraverso ciò che ti porta denaro!

Qual è la gioia per te, che espande la tua vita, che potrebbe portarti il denaro? Stai davvero creando e generandola, non importa quanto "pazza" sia? Se pensi di avere un'idea e nessun altro la sta già realizzando, indovina un po'? Probabilmente è una grande idea!

Le parole non descrivono l'incredibile ammirazione, gratitudine e rispetto che ho per Gary Douglas e Dr. Dain Heer. Sono così grata per l'obiettivo che hanno di creare e generare più consapevolezza e coscienza sul pianeta, a qualunque costo, non importa come sarà.

Io ci sono; e tu?

L'autore

L'australiana Simone Milasas è un leader dinamico in maniera differente. E' la coordinatrice mondiale di Access Consciousness® (www.accessconsciousness.com), il fondatore di Buone Vibrazioni Per Te (www.goodvibesforyou.com) e la scintilla creativa che ha dato fuoco a La Gioia del *Business* (www.accessjoyofbusiness.com).

Fin dall'inizio Simone ha funzionato da un posto totalmente diverso riguardo agli affari e a tutto ciò che era correlato: a lei piacciono davvero. Infatti a Simone più che piacerle gli affari, in realtà funziona dalla GIOIA di essi.

Lei prova piacere nell'espansione e generazione di nuove aziende, grandi e piccole, ed è stata determinante nel condurre gruppi di tutte le dimensioni attraverso l'evoluzione di un progetto. Dalla genesi di un'idea fino alla realizzazione, mantenimento e superamento degli ostacoli, Simone riesce a trovare la facilità, gioia e gloria in tutto questo.

La differenza che Simone porta negli affari è la sua disponibilità a fare costantemente domande, a guardare alle cose diversamente, a contribuire a coloro con cui lavora e fare continuamente nuove scelte. Secondo le sue stesse parole, "Gli affari sono una delle aree della vita in cui faccio costantemente domande e non ritengo mai di avere la risposta. Sono sempre disposta ad avere cose che si mostrano diversamente e a cambiare qualsiasi cosa non funzioni. Questo per me è l'avventura che gli affari possono essere."

Come collaboratore e direttore di diverse compagnie, Simone continua a espandere la sua consapevolezza degli affari e ha sviluppato strumenti e tecniche per potenziarti ad avere una realtà differente con gli affari. Con questo obiettivo, Simone lavora con le persone per infondere un'energia totalmente nuova in ciò che fanno. Attraverso la Gioia del *Business*, Simone mostra i modi per creare un *business* che va oltre ciò che questa realtà dice essere possibile e strumenti efficaci e dinamici per creare ciò che tu sai essere possibile per i tuoi affari.

la scansione per ulteriori informazioni